U0140078

# 狄膺日記

## 1952

## 上冊

The Diaries of Ti Ying（Diffoutine Yin）

1952

- Section I -

狄　膺　原著

王文隆　主編

# 民國日記｜總序

## 呂芳上
民國歷史文化學社社長

人是歷史的主體，人性是歷史的內涵。「人事有代謝，往來成古今」（孟浩然），瞭解活生生的「人」，才較能掌握歷史的真相；愈是貼近「人性」的思考，才愈能體會歷史的本質。近代歷史的特色之一是資料閎富而駁雜，由當事人主導、製作而形成的資料，以自傳、回憶錄、口述訪問、函札及日記最為重要，其中日記的完成最即時，描述較能顯現內在的幽微，最受史家重視。

日記本是個人記述每天所見聞、所感思、所作為有選擇的紀錄，雖不必能反映史事整體或各個部分的所有細節，但可以掌握史實發展的一定脈絡。尤其個人日記一方面透露個人單獨親歷之事，補足歷史原貌的闕漏；一方面個人隨時勢變化呈現出不同的心路歷程，對同一史事發為不同的看法和感受，往往會豐富了歷史內容。

中國從宋代以後，開始有更多的讀書人有寫日記的習慣，到近代更是蔚然成風，於是利用日記史料作歷史

研究成了近代史學的一大特色。本來不同的史料，各有不同的性質，日記記述形式不一，有的像流水帳，有的生動引人。日記的共同主要特質是自我（self）與私密（privacy），史家是史事的「局外人」，不只注意史實的追尋，更有興趣瞭解歷史如何被體驗和講述，這時對「局內人」所思、所行的掌握和體會，日記便成了十分關鍵的材料。傾聽歷史的聲音，重要的是能聽到「原音」，而非「變音」，日記應屬原音，故價值高。1970 年代，在後現代理論影響下，檢驗史料的潛在偏見，成為時尚。論者以為即使親筆日記、函札，亦不必全屬真實。實者，日記記錄可能有偏差，一來自時代政治與社會的制約和氛圍，有清一代文網太密，使讀書人有口難言，或心中自我約束太過。顏李學派李塨死前日記每月後書寫「小心翼翼，俱以終始」八字，心所謂為危，這樣的日記記錄，難暢所欲言，可以想見。二來自人性的弱點，除了「記主」可能自我「美化拔高」之外，主觀、偏私、急功好利、現實等，有意無心的記述或失實、或迴避，例如「胡適日記」於關鍵時刻，不無避實就虛，語焉不詳之處；「閻錫山日記」滿口禮義道德，使用價值略幾近於零，難免令人失望。三來自旁人過度用心的整理、剪裁、甚至「消音」，如「陳誠日記」、「胡宗南日記」，均不免有斧鑿痕跡，不論立意多麼良善，都會是史學研究上難以彌補的損失。史料之於歷史研究，一如「盡信書不如無書」的話語，對證、勘比是個基本功。或謂使用材料多方查證，有如老吏斷獄、法官斷案，取證求其多，追根究柢求其細，庶幾還

原案貌，以證據下法理註腳，盡力讓歷史真相水落可石出。是故不同史料對同一史事，記述會有異同，同者互證，異者互勘，於是能逼近史實。而勘比、互證之中，以日記比證日記，或以他人日記，證人物所思所行，亦不失為一良法。

從日記的內容、特質看，研究日記的學者鄒振環，曾將日記概分為記事備忘、工作、學術考據、宗教人生、游歷探險、使行、志感抒情、文藝、戰難、科學、家庭婦女、學生、囚亡、外人在華日記等十四種。事實上，多半的日記是複合型的，柳詒徵說：「國史有日歷，私家有日記，一也。日歷詳一國之事，舉其大而略其細；日記則洪纖必包，無定格，而一身、一家、一地、一國之真史具焉，讀之視日歷有味，且有補於史學。」近代人物如胡適、吳宓、顧頡剛的大部頭日記，大約可被歸為「學人日記」，余英時翻讀《顧頡剛日記》後說，藉日記以窺測顧的內心世界，發現其事業心竟在求知慾上，1930 年代後，顧更接近的是流轉於學、政、商三界的「社會活動家」，在謹厚恂恂君子後邊，還擁有激盪以至浪漫的情感世界。於是活生生多面向的人，因此呈現出來，日記的作用可見。

晚清民國，相對於昔時，是日記留存、出版較多的時期，這可能與識字率提升、媒體、出版事業發達相關。過去日記的面世，撰著人多半是時代舞台上的要角，他們的言行、舉動，動見觀瞻，當然不容小覷。但，相對的芸芸眾生，識字或不識字的「小人物」們，在正史中往往是無名英雄，甚至於是「失蹤者」，他們

如何參與近代國家的構建，如何共同締造新社會，不應該被埋沒、被忽略。近代中國中西交會、內外戰事頻仍，傳統走向現代，社會矛盾叢生，如何豐富歷史內涵，需要傾聽社會各階層的「原聲」來補足，更寬闊的歷史視野，需要眾人的紀錄來拓展。開放檔案，公布公家、私人資料，這是近代史學界的迫切期待，也是「民國歷史文化學社」大力倡議出版日記叢書的緣由。

# 狄膺日記導言

## 王文隆
南開大學歷史學院副教授

## 一、狄膺生平

狄膺（1896-1964），江蘇省太倉縣璜涇鎮人，為溧陽（舊稱平陵）胥渚狄氏之衍族，原名福鼎，字君武，自號邃思齋主、平常老人，1896 年 1 月 3 日（光緒 21 年 11 月 19 日）生於璜涇鎮，為長子，上有一姐穎芬，下有福震、福晉、福豫三弟，育有原滄（字公望）、原溟（字寧馨）二子。[1] 曾祖父狄勳為生員，嗣祖父狄本仁為國學生，生祖父狄景仁業儒，太平天國之亂後改執棉布業，父親狄為璋曾舉太倉州學秀才第一，上海龍門師範學堂文科卒業，時為私塾老師，後任小學教員及校長，母親陸藏貞。先生五歲認字，1906 年（光緒 32 年）改入高等小學，1908 年（光緒 34 年）冬考入龍門師範學堂，在學五年期間，經歷了辛亥革命，該校改名為江蘇省立第二師範學校，1914 年畢業後，至崑山縣第二高小任教達一年半。[2]

1916 年，先生以國學特別優長，考入北京大學哲學系，名列第八。羅家倫回憶道：

---

1  狄膺，〈十載追思〉，狄君武先生遺稿整編小組編，《狄君武先生遺稿》（臺北：中國國民黨黨史史料編纂委員會，1965），頁 10；平陵狄氏宗譜續家譜編修工作組，《平陵狄氏宗譜》（北京：家屬自印，2018），頁 19。

2  狄膺，〈狄膺自傳〉，狄君武先生遺稿整編小組編，《狄君武先生遺稿》，頁 2-3。

狄君武先生與我相識遠在 1917 年北京大學西齋 4 號房間。這號房間裡共住 4 人，為傅孟真、顧頡剛、周烈亞、狄君武。我因為同孟真、頡剛都對文學革命運動有很大的興趣，故常到 4 號商討編撰和出版《新潮》問題。君武此時雖在哲學系，卻愛好「選學」，常常填詞作曲以就正於黃季剛、吳瞿安兩先生。烈亞則治佛學，後來做西湖某大叢林的住持。「道並行而不相悖」，正是當時的氣氛。[3]

1919 年，五四運動爆發，許多知識青年紛紛走上街頭抗爭，也有許多學生被捕入獄。羅家倫也回憶與狄膺參與的一段：

到了「五四」運動發生的時候，波濤洶湧，君武見外患日迫，軍閥專橫，於是一變其文人積習，而投身於此一運動。如營救五四到六三間陸續被捕之同學一幕，他和我在晚間帶了些食品和內衣等到警察廳內的看守所去「探監」。一進廳門，衛兵均以刺刀相向。我要和他一道進去，他力阻我同去。他說：「他們認得你，不認得我。」又說：「你會同他們爭執，讓我單獨去罷！」我不肯，終於同進去。他以和善口吻，說太倉人學講的北京話，對方看他是一個十足的文弱書生，態度也就和緩下來了。這是他在「秀才遇到兵」的場合中，能應變的一幕。以後幾次類似的交涉，同學們都推他去辦。[4]

---

3　羅家倫，〈前言〉，狄君武先生遺稿整編小組編，《狄君武先生遺稿》，頁 1。
4　羅家倫，〈前言〉，頁 1。

可見狄膺在學潮中之處事應對得當，分寸拿捏得宜。

1919 年夏天畢業後，狄膺回到江蘇省立第二師範母校任教，次年 1 月與任教於小學的顧瑛（字綴英）結婚。1921 年 7 月，狄膺響應吳稚暉的號召，參加勤工儉學行列，赴法就學於中法大學研究院為特別生，並於留法期間加入中國國民黨。1925 年冬因父親重病，自法歸國甫一個月，父親便過世。1926 年夏赴廣州，供職於國民黨中央政治會議祕書處，和葉楚傖共事，自此參與黨政工作。1927 年，南京國民政府建立後，歷任國民黨南京市黨部宣傳部部長、國民黨江蘇省黨部指導委員。1931 年 10 月起任立法委員，後於 1933 年與 1935 年連任。黨務工作方面，1935 年，他當選為國民黨第五屆候補中央監察委員。1938 年，任國防最高委員會第三處處長。1942 年 12 月，任國民黨中央執行委員會副祕書長。[5] 1945 年，任國民黨第六屆中央執行委員、中央監察委員會祕書長。抗戰勝利後，當選為制憲國民大會代表。1947 年，任中央政治委員會委員。1948 年，在戶籍地以三十萬票高票當選為第一屆立法委員。1949 年，國共內戰局勢丕變，自成都經海口遷至臺灣，妻子滯留南京，原滄、原溟兩兒滯留北平，分別就讀北大與清華，狄膺孤身一人赴臺，血親僅二房姪長女狄原湛和其夫婿施文耀來臺。1950 年，任國民黨中央改造委員會紀律委員會副主任委員。1952 年，改任黨史史料編纂委員會副主任委員，為主委羅家倫之副手，並為國民黨中央第七至九屆中央評議委員。黨史史料編纂委員會副主任委員一職可謂閒缺，加以立法委員之收入，生活大抵無虞，然因家人皆

---

5　狄膺，〈狄膺自傳〉，頁 3-4。

不在身邊，家無定居，食無定所。[6] 或因他在臺孤身一人，經常出外遊覽，對於同鄉活動參與頗多，對後進照顧亦深。1955 年 6 月中，因糖尿病引發眼底視網膜血管破裂，左眼失明，目力漸衰，以單一目視，書寫行斜字歪。[7] 狄膺入臺北廣州街中心診所診治，後送至聯勤醫院，醫師吳靜稱他有六病，一齒、二腰、三糖尿、四慢性膽囊炎、五眼翳障、六機能性腦血管痙攣，身體狀況惡劣，這使得他在 1955 年 4 月至 6 月及 1955 年 7 月至 9 月兩冊日記的封面，特別寫上了「病」字。[8] 身體漸弱後，他鮮少應允外界題字的請託，然于右任於 1958 年在臺北復辦粥會，該會以「閒話家常，笑談古今」為宗旨，洽合先生寓於詩文的雅緻，故積極參與，並於次年粥會欲置辦會所時，勉力提筆，鬻字贊助，協助集資。[9]

　　先生晚年困於糖尿病，身體欠佳，不僅視力受損，且患有慢性腹瀉，1962 年清明節前遊歷新竹，返家發現右肢麻木，口不能言，驚覺中風，送榮民總醫院緊急救治，而後時臥病榻，至 1964 年 3 月 15 日因感染肺炎辭世，享年七十歲。[10] 狄膺過世後，因無家人在臺，全由國民黨中央協助照料後事並舉辦公祭，出席者二千餘人，同年 6 月 28 日，葬於新竹市青草湖畔靈隱寺旁自擇墓地。限於兩岸政治分隔，狄膺墓地由姪女一家維護，狄膺直

---

6　〈狄膺先生事略〉，國史館編，《國史館現藏民國人物傳記史料彙編》，第 11 輯（臺北：國史館，1994），頁 137-138。

7　狄膺，〈除夕歲前短語〉，狄君武先生遺稿整編小組編，《狄君武先生遺稿》，頁 84；狄膺，〈學書自敘〉，狄君武先生遺稿整編小組編，《狄君武先生遺稿》，頁 87。

8　狄膺，《遙思齋日記》，1955 年 6 月 29 日，《狄膺檔案》，中國國民黨黨史館藏，檔號：膺 1317.25。

9　〈重建粥會聚會所　狄膺鬻字籌款〉，《中央日報》，1959 年 9 月 27 日，第五版。

10　杜負翁，〈悼狄膺〉，《中央日報》，1964 年 3 月 19 日，第六版。

系子孫自到兩岸和緩後，才獲准赴臺祭掃。

## 二、《狄膺日記》的來由

　　狄膺生前最終黨職為黨史會副主委，因他的直系親屬都滯留大陸，其後事全由黨部同仁操辦，在兩岸敵對的大環境下，狄膺身後遺留的財產與負債僅能由中央黨部代為處理。為此，黨部特別組織狄膺先生遺物委員會，由時任交通部政務次長的張壽賢為主席，除邀請黨部相關單位派員參與之外，亦邀請姪女婿施文耀為家屬代表出席。委員會決定狄膺遺產中，收支紐餘扣除應納稅款以及親友積欠後賸下近二萬二千元新臺幣移作治喪費用，豁免狄膺積欠黨部與黨史會的近五萬元，協助出售金華街房產之剩餘部分填入治喪款中，鋼筆、輓聯及私人用具交施文耀收存，另密函狄夫人報喪，並收得狄夫人回函。[11] 中央公教人員保險金的出險部分，匯存香港上海銀行，以狄夫人名義存入，曾成功匯撥一筆三百港幣進入大陸。或因大陸當時政治氣氛影響，後狄夫人來信關切出售房產之剩餘，並告以暫緩匯款。[12] 依照委員會決議，實體文物由黨史會史庫收存，納為館藏，包括狄膺之日記、家譜、賬本、金石、相簿、文件、圖書等。在狄膺先生遺物委員會的紀錄中，雖稱接獲狄夫人來函，但文件中未見存檔，然從狄夫人曉得狄膺之房產處置以及保險金收取等事推斷，委員會之決

11 「狄君武先生遺物處理委員會第一次會議」（1964 年 4 月 21 日），《狄膺檔案》，中國國民黨黨史館藏，檔號：膺 685-2；「狄君武先生遺物處理委員會第五次會議」（1964 年 9 月 11 日），《狄膺檔案》，中國國民黨黨史館藏，檔號：膺 685-6。

12 「狄君武先生遺物處理委員會第四次會議」（1964 年 9 月 11 日），《狄膺檔案》，中國國民黨黨史館藏，檔號：膺 685-5；「狄君武先生遺物處理委員會第五次會議」（1964 年 11 月 14 日），《狄膺檔案》，中國國民黨黨史館藏，檔號：膺 685-6。

議狄夫人理應知情，而委員會中亦有姪女婿代表家屬發言，對於委員會的決定也應知曉。大陸歷經多次政治運動與文化大革命的動盪，狄家因狄膺為國民黨高級幹部，也多受牽連。狄夫人於1978年辭世。狄原滄、原溟二子，自從兩岸開放之後，才得赴臺祭掃，並多次去函國民黨表達取回狄氏家譜，以及部分私人物品、照片、金石的願望，然皆未果。

筆者自2012年10月接任中國國民黨文傳會黨史館主任，在史料庫房搬遷完竣之後，恢復資料開放，也將《狄膺日記》列上開放時程。狄家後人於2015年5月，一方面透過狄原溟之女狄蘭來函，一方面透過姪女狄源湛之子施銘成、施銘賢親訪，再度表達希望黨部歸還家譜的願望，經轉陳文傳會主委林奕華，再續報祕書長李四川同意後，於該年6月2日將家譜、戶口名簿、病歷、部分私人照片及印鑑等奉還家屬代表狄蘭查收。黨史館復藉此機會取得家屬同意，在館內開放《狄膺日記》及其賬本。因為此番結緣，2020年時也獲得家屬同意與授權，藉由民國文化學社協助，將《狄膺日記》鍵錄出版，俾利學界研究利用，深謝家屬慨允與學社的支持，歷經三年時間的整理，共得百萬餘字的日記，分批出版。

## 三、《狄膺日記》的價值

狄膺向有做紀錄的習慣，主要有兩類，一是賬本，一是日記。前者始自1933年，終於1962年3月的《不宜悉記，不可不記》，共十二冊。狄膺記賬始於上龍門師範學堂一年級時，當時一個月僅得十元，必須記賬撙節，而自記賬本取名有其思路，他說「不宜悉記者，記賬時偶忘之，不苦加思索，施不則償，不必誌其姓氏；不可不記者，人之厚我，我所欠人，何可一日忘之者

是也。」[13] 雖說是不宜悉記，但賬本內容鉅細靡遺，舉凡各項收入、日常飯食、往來交際、生活採買、車船交通、納款繳費，只要是錢款往來，幾乎無一不錄，由是透過他的賬本，不僅能呈現出一部穿越抗戰、內戰及至遷臺的社會史，也能是觀察貨幣與通澎的經濟史。後者為始自 1950 年 1 月，終於 1960 年 12 月的《邃思齋日記》，共四十七冊，主要集中在遷臺之後的記述。狄膺寫日記，開始得很早，從他八歲開始便就有不全的日記，十四歲起陸續成冊，自題為《雁月樓日記》。結婚之後，仍有撰寫日記的習慣，但因將同太太爭執的細節也寫進日記，惹得太太不高興抗議，才不再寫。留法期間曾做記事，返國後因任職中央政治會議祕書，擔心一不小心洩漏機密，暫停日記，直到遷移來臺之後，才復記日記。[14] 日記的內容一如賬簿一般瑣碎，除了流水賬式的記事之外，也將友人的聯繫方式、往來信函、時事感言、故事雜記、奇聞軼事散記其中，甚至連吃飯的桌次、菜譜都不漏。一日之記事最多能達數頁，舉凡天氣、路況、心情、談話與路徑都能寫入，間或夾雜 1950 年之前的追記與回憶，可說無所不包。

對於書寫來說，瑣碎是一項缺點，但對於史料價值而言，瑣碎有時反而留存了更多資訊。或因狄膺在臺灣大多時間自甘平淡，對於官場、權勢、財富都沒有強烈慾望，家人多不在身邊也少了些許煩惱，有了大把時間可以記事，將走訪各地的見聞，與朋友、同鄉、粥會的往來，化為文字，搭配上羅家倫為其編輯出版的《狄君武先生遺稿》很能作為政府遷臺初期日常生活史、社

---

13 狄膺，〈（七）〉（1944 年 9 月 1 日），狄君武先生遺稿整編小組編，《狄君武先生遺稿》，頁 42。

14 狄膺，〈邃思齋日記序〉，狄君武先生遺稿整編小組編，《狄君武先生遺稿》，頁 88。

會經濟史、飲食文化史的素材，對於了解外省族群來臺後的情況
也能有所管窺。於目前史學界流行的戰後離散史之研究提供絕佳
資料。只可惜狄膺來臺之前的日記與圖書，因戰亂關係，已經全
數佚失，現僅存來臺之後的部分，之前的相關內容完全闕如，不
無遺憾。

## 四、結語

　　狄膺自號「平常老人」，寓意為「一個普通的年邁者」，然
而這個孤身來台的普通人，雖能藉著參與北大校友會、蘇松太同
鄉聯誼會，以及台北粥會的機會，與友朋交遊，到各處就餐，或
是前往姪女處走動，但總還是常念及滯留大陸的妻小，有時還會
悲從中來。1951 年 1 月 2 日元旦假期期間，自記：「今晨在動物
園見母猴偎乳其猢，為之捉蚤，親愛之極，無可比方。頓念先慈
恩愛，又惜二兒長違，心痛淚流，難以解釋。」[15] 這份「難以解
釋」，除了對家鄉和孩子的思念之外，也是深知兩兒滯留大陸且
與自己立場不同，終是難以再見的悲苦，只能暗自淚眼婆娑，不
足為外人道也。相似的心緒，偶而也會在他心中浮起，他左眼失
明後的第一個除夕夜裡，自記道：「余過除夕，不能不憶家鄉，
又不能不憶已過之穎姊、祝妹、受祥，遠離之公望、寧馨。余孑
然一身，中心起伏萬狀，遇節更悲，非他人所可體會也。」[16] 這
位普通老人的心情，在大時代洪流的衝撞下，也有他難以言喻的
一面。

---

15 狄膺，《遼思齋日記》，1951 年 1 月 2 日，《狄膺檔案》，中國國民黨黨史館藏，
　　檔號：膺 1317.3。

16 狄膺，《遼思齋日記》，1956 年 2 月 11 日，《狄膺檔案》，中國國民黨黨史
　　館藏，檔號：膺 1317.28。

　　史料為公器，資料公開能使過去撥雲見日。黨史館所藏《狄膺日記》在家屬的支持下，不刪改任何一字，不遮掩任何一段，全部判讀後鍵錄出版，是一份新史料的公布，也是一份新素材的揭露，吾人能透過狄膺手書的紀錄，回過頭去看看 1950 年代臺灣社會的種種，無論是採取個人史的微觀，或是將狄膺所記作為取材的一項，都頗具價值。

# 民國史百寶箱：
# 《狄膺日記》與我

## 劉維開
國立政治大學歷史學系退休教授

　　民國歷史文化學社要出版前中國國民黨黨史史料編纂委員會副主任委員狄膺遺存的日記，編輯們由日記中知道狄膺生前與先父劉象山多有往來，要我對日記的出版寫一些話。

　　狄膺過世的時候，我年紀還小，不確定在他生前有沒有見過，但是在他過世後，印象中有一年，先父母帶著我和妹妹專程到新竹青草湖拜謁狄膺墓，父親在墓前說「給狄公公行禮」，帶領我們恭敬的行三鞠躬禮。狄膺過世後，他的資料保存在黨史會，我到黨史會工作後，偶有機會與管理史料的阮繼光先生談話，他不止一次的對我說：「狄膺檔案中有不少你父親的資料」，但是我當時沒有想到要看這些資料，現在感到有些後悔。當時如果調出日記查閱，對於日記中提到的一些人事，可以詢問先父母，現在則沒有辦法。

　　先父早年從事黨務工作，與狄膺應該有一些見面的場合，但是據先父自述，兩人交往是在 1945 年中國國民黨舉行第六次全國代表大會。當時狄膺是中央黨部副祕書長，先父是黨部專門委員，調派到狄膺的辦公室工作，擔任大會祕書。兩人均喜好詩文，且有共同熟識的友人，來往逐漸密切。先父留存一本大陸時

期的詩稿，其中有多首與狄膺有關的詩作，時間大概在 1945 年左右。此後兩人時有詩作酬和，狄膺有時不欲將父親詩作再錄於日記上，要他直接書寫於日記上，我在日記中見到兩處父親的筆跡。

先父於 1949 年離開北平後，一路輾轉到臺灣，再到香港，爾後接受狄膺建議，至海南島任職，之後再到臺灣。這段經過，《狄膺日記》中記事和先父的回憶大致相同，看到 4 月 4 日記有「下午覆劉象山、陳幹興、孔鑄禹書」，孔鑄禹、陳幹興（本）是先父在海南任職時結識的好友。孔鑄禹伯伯幾乎每年會來臺灣參加十月慶典活動，他的兩個孩子在臺灣接受大學教育，常到家裡，和我們的關係如同家人；陳幹興則是每隔一段時間會和父親通信，我印象最深的是他寄來的一件孫中山手書「燕歌行」影本，父親特地將它裝框掛在牆上。孔、陳兩位應該是狄膺居留廣州期間，往來香港、海南時所結識，他曾經介紹孔鑄禹為海口中央日報黨股代表人，與陳幹興（本）則是時有詩作往來。

狄膺在中國國民黨六全大會後改任中央監察委員會祕書長，行憲後當選第一屆立法委員，這兩個職務使他在 1949 年大多數的時間跟著中央黨部與立法院移動。2 月初，中央黨部與行政院相繼遷廣州辦公，大部分的立法委員也都到了廣州。狄膺於 1 月底從南京到上海，2 月 5 日搭乘海平輪，於 9 日抵達廣州；10 月 12 日，由廣州搭機隨中央黨部及政府遷重慶辦公；11 月 29 日因重慶情勢危急，飛抵成都；12 月 5 日，成都危急，搭機至海口，30 日自海口飛新竹，31 日抵臺北，暫住其姪女原湛與姪女婿施文耀寓所，後得臺灣鐵路管理局（簡稱「鐵路局」）局長莫衡（葵卿）同意，居住在臺北市西寧北路 6 號鐵路招待所相當一段時間。對於這段經歷，他在《不宜悉記不可不記》賬冊中，有

詳細的紀錄。

　　狄膺來臺初期，需要處理中央監察委員會事務，同時出席立法院相關會議，事務較為繁忙；中國國民黨改造後，中央監察委員會結束，改任紀律委員會副主任委員，除了參加黨內總理紀念週等活動外，主要是出席立法院相關會議。閒暇時間則是探親訪友、定期參加崑曲聚會，以及和友人打麻將。他常在早年曾服務於交通界的錢探斗，以及當時任鐵路局材料處處長王世勛（為俊）兩人的家中打麻將，輸贏都記在《不宜悉記不可不記》賬冊中。

　　王、錢兩位都是我的長輩，王世勛與日記中所記郁佩芳是夫妻，亦是先母的寄爹、寄媽，我稱他們為外公、外婆；錢探斗是先母乾媽錢馨斯的兄弟，張藕兮是他的妻子，我稱他們為錢公公、錢婆婆。王、錢兩家住的很近，王世勛家在長安東路二段、中山女高對面；錢探斗家在建國北路一段三十三巷；長安東路和建國北路成垂直狀，印象中兩家的房子就是背靠背。王世勛的籍貫是福建林森，但是出生在蘇州，實際上是蘇州人；錢探斗是太倉人，和狄膺是同鄉。在日記中還有一位在王世勛家打牌的友人陳敏，我稱她為陳婆婆，在行政院新聞局工作，和先母的關係很好，隔一段時間會到家裡找先母聊天。在 1954 年 2 月的日記中，有一段記道：「張毓貞、丁淑貞、侯佩尹、顏叔養均來，同張、侯到梅龍鎮吃包子。」當日的賬本上有：「付張毓貞同食點二十元。」張毓貞即是先母，我之前以為先母認識狄膺，是因為先父的關係，但是這個時候先父母還沒有結婚，看到日記這些記事，或許與王、錢兩家有關。

　　狄膺的交遊廣闊，友人甚多，加上博聞強記，日記中除了每天的活動記事外，還包括許多所聽聞的歷史掌故、人物軼事，如

鈕永建自述參加革命經過、吳鐵城自述訪日與麥克阿瑟談話要點、張知本談政學會與政學系、周佩箴談浙江革命黨事等等，每一段都是民國史上重要的資料。張靜江病逝後，狄膺將所聽聞張氏生平軼事、易簀前情形以及張氏譜系等通通記在日記上，可以說是張靜江重要傳記資料。對於自己所經歷事，如中國國民黨中央改造委員會成立後，中央監察委員會辦理結束，他身為祕書長負責移交，在日記中將移交的過程，特別是款項的交接，記錄得十分詳細。又如他早年曾響應吳稚暉勤工儉學號召，赴法國留學，因此尊敬吳稚暉為師，不時前往探望，日記中記錄了吳氏的晚年身影，其中也包括蔣中正與蔣經國對吳稚暉的照顧。除此之外，狄膺定期參加徐炎之、張善薌夫妻召集的崑曲聚會，日記中有不少聚會時的記事，包括參加者以及表演的內容等，可以說是崑曲在臺灣發展的重要資料。

狄膺逝世後，黨史會將他的詩文彙集成《狄君武先生遺稿》，並將其《不宜悉記不可不記》賬冊中歲首年尾之感懷記事，摘錄收錄其中，內容亦頗為可觀，且因其始於 1938 年，可以與日記相互參看，補充其家世及早年記事之不足。整體而言，《狄膺日記》內容相當豐富，有時會覺得瑣碎，但是仔細閱讀，可以發現其中有不少值得參考的資料，視之為民國史資料的百寶箱，當亦不為過。

# 編輯說明

一、本書收錄狄膺 1952 年之日記，共分上下兩冊，上冊錄該年
　　1月1日至6月30日止，下冊錄7月1日至12月31日止。

二、古字、罕用字、簡字、通同字，在不影響文意下，改以現行
　　字標示。

三、日記中原留空白處，以□表示，難以辨識字體或破損處，
　　以■表示，編註以【】標示。

四、作者於書寫時，人名、地名等時用同音異字、近音字，落筆
　　敘事，更可能有魯魚亥豕之失，為存其真，恕不一一標註、
　　修改。

# 目錄

## 上冊

民國日記總序／呂芳上 ................................................ I

狄膺日記導言／王文隆 ................................................ V

民國史百寶箱：《狄膺日記》與我／劉維開 ........................... XV

編輯說明 .............................................................. XIX

## 1952 年

1 月 .................................................................. 1

2 月 .................................................................. 37

3 月 .................................................................. 67

4 月 .................................................................. 107

5 月 .................................................................. 145

6 月 .................................................................. 175

# 1952 年

## 1 月 1 日　晴

　　晨穿長袍馬褂入台北賓館，參與中央委員團拜，于右任先生主席，謂存與亡均將看今年。吳禮卿、何雪竹見余，不謀而合均言君武宜多做幾篇文章，王亮老則云今年君武一定要裝好牙齒。中委自鄉下來者皆冒辛苦趕到，希能參與盛會，顧總裁未臨，諸人感不足，而李敬齋衣平常衣服走街頭而特不來參與，所表演之反抗精神亦可資吾人反省也。在總統府到者皆屬服官政者，余亦無通知，論理立監國大宜推代表五人至十人，中央委員不能容，則通執監兩會常務委員及祕書長。今戴季陶既云歿，無人注意此事，但大典可以覘國，不宜忽也。今日稚暉先生入總統府，與鈕永建、許世英、丁惟汾、閻錫山、王寵惠、何應欽為長老，總統特優禮，問「丁先生已割治而愈，吳先生亦擬效法否」，吳先生答云「愈此恐有他虞」。余乘財務委員會車拜吳稚暉師，俞鴻鈞、王亮疇、吳鐵城、洪蘭友皆不遇。於下午泣拜居先生靈座。答拜李君佩、拜鄒海濱，均見到，張其昀、鄭彥棻皆未見到。總統府情形係君佩先生所說，於李府得遇張道藩，拜鄒、張、鄭，與道藩為伴。

　　虞克裕、胡希汾、汪天行坐車，以九時前來約余。余先到賓館，散會同拜吳、俞、王、洪、吳後，送余中正東路空軍社，復改送至仁愛路三段空軍新生廳。先在合作社候，皆賀客之得觀禮證者。同雷陸望之尋項蓉不得，朱世楷又呆鈍，不知到合作社招呼。及大廳祝賀禮畢，賀客入廳，項蓉在廳後化妝，余望見之即退出，蓉猶以為余不及觀禮也。廳天幔下紮綠方棚，棚下懸四尺

長之雪狀棉，中間以燈及紙綵，紙綵中有硬扁紙水果串。前次聞有降落傘，今日無之。中雜以紅綠電燈，開半暗或全明隨人意。賀客坐前紅毛氈三，所以站新婚夫婦，再前為長供桌，有繡桌幃。王叔明為證婚人，在花籃及龍鳳花燭之中間，將前為臺，臺簷標臺北區第三屆集團結婚，後懸紅紗燈，最後懸雙囍金字，綵龍綵鳳銜之。時賓客已集，均攜小兒女，爭坐喧嘩哭叫，余坐第三排，旁有二歲女孩極俊，遠處一男孩亦美。何欽瑜來挨余坐，望之亦擠余半座。結婚進行曲作，朱世楷、項蓉列在第十七對，今日共為二十對，有一新郎甚短不好看，亦有已結婚強迫重行婚禮者。朱世楷高，項蓉微嫌短，但面白而有書卷氣，禮服亦最講究，已算隊中翹楚，惜秩序太亂，一句也聽不明白。余出，至吳長城（道一）家，夫妻守寒素冷菜在桌，余約以贈鹹肉。余乘○路車回寓，略飯，入台糖公司三○六室禮堂會餐，郭驥夫婦、陳君樸夫人、方穎達約四十人，吃蛋、瓜棗、咖哩雞、豬排及飯。世楷唱歌三次，項蓉不肯彈鋼琴，更衣一次，余囑其乘慢車歸新竹，匆忙中未將黃壽峻賀電交閱。

余回寓，知來賀年者為祝毓、胡光炳、沈成春、顏肇省、王企光、鄭克宣、陸世榮、李亮恭、戴問梅、施振華。晨間剛起身，來賀我者則為錢中岳及其表兄封君、薛冰。下午見到余者為呂松盛及妹佩文、孔凡均、虞麗芳、戴恩沚、邱梁，丑輝瑛及其婿帶來八月前擬贈余古古糖。余以車載呂佩文，候李向采夫婦至士林觀聖誕樹紅葉。辦公室、新蘭亭及禮堂皆局，無可觀，休於防空洞改造之幼稚園，坐蹺蹺板為樂。入大悲家，大悲與佩尹往某山野餐，余等品紅茶，余飲三碗。出，至建國北路拜夏曦、慶澤彬、錢十嚴、王世勛之母、陳敏，錢太太送余上車。余送呂佩文回，則至周佩箴，臥床有寒熱，腹部有二塊，云將見總理，面

叩反共抗俄方略。洵端送余，倚門而泣，方有一聾醫入房，不知
如何診治。余走告呂著青，束手無策，自此而入居家，進門已淚
盈雙睫矣。

秀武約夜飯，云候余至七時。余既遇道藩，則至其家飲乾
琴、食乾飯，有南京板鴨，甚佳。碧微外有藩妹道□。飯後至廣
播電臺參與平劇研究會成立。齊如山講無唱不歌，無動不舞外，
又講自歉抑則人尊之，愈小心愈能起彩，爭戲碼則爭倒數第二，
無爭大軸者。余語邱君，老生、青衣、大面三科外宜增丑科，丑
為優之本等，十行宜有丑，中國戲以丑為關鍵。又云如排演則宜
習武科，看了一日戲，如無武場不觳味，邱、齊皆樂聞。歸寓，
聽廣播生旦戲多段。

留片拜年者尚有張其昀、余又蓀、曾蜀芳、陳謨及其夫人。

## 1 月 2 日　晴、雨

至立法院，在堡壘廳團拜，到者二百餘，飲甜茶，黃國書主
席。余演說宜以團拜之穌諧情緒來立法。次魯蕩平、延國符、鄧
青陽講，延以外國人語調講話，云二日團拜乃後天下之樂而樂，
又云君武無齒，一望無涯（同牙），為反大陸之象徵。禮畢余
歸，王企光來坐，朱佩蘭來，款以煙酒。飯後臥，臥起走中央黨
部，中改會通過紀念案、考試院方針，余為修正決議文字。大陸
收復後土地政策綱領，余問何謂耕者，墳地如何處置，及「第
十三、城市鄉鎮私有房屋及基地，經共匪非法沒收佔用者，就原
業主必需收回自行使用限度內予以發還，其非必需使用者，由政
府徵用、徵租或依法徵收」，余云如何來得及實行此節，而設計
委員會則云政策性之宣告，細節目議未審。五時半歸錦姪處飯，
明孫屎濕余絲綿袍，歸寓，焦立雲為熨乾。洪蘭友送來衣料中本

呢一襲。余致朱世楷書，寄去黃壽峻電，並勉項蓉操作。得金秉泉書，乘永生輪，四日可至基隆。得擎華書，狄醒宇已與胡中南取得聯絡，不久將可來台。得汪漢滔書，四日晚何芷園約余在北投夜飯。杜光塤於團拜前來拜年。

## 1月3日　晴

　　余生光緒二十一年十一月十九日，為一月三日。晨朱鍾祺來，同□□□君來拜年，云豐穀寒熱尚未全退，復興書局坐硬板凳在風門口，似不相宜。□君譚審核小組請求外匯，出冷門有時易邀准，年底中藥類請杏仁皆未准，而雜類十二項中頗有杏仁，進來頗得利。朱去後，余至中本取利，朱品三頗念海口窮蹙，得膺照應如升九淵，稱道不絕。其時發利者未來，余於門前遇韓叔和，同伊返寓，陰曆十二月十二日將嫁女配某推事，請余吃酒。今日伊來覓紙賀人母壽，余贈以王吉源箋，留伊茶酒，笑曰心無所營，閒適乃如是耶。韓去，余再至中本取利，扣利息所得稅百分之三，各人所得益少。余交上官俅帶給中監各同事，上官堅請赴會賓樓公宴，余前已辭謝，而情不可卻，往會賓樓擾一頓翅席。諸人盡高粱酒、青酒各一瓶，白中孚同志因病未愈，周亞陶亦未以車來。今日李君佩先生始出席中改會，亞陶候散會送李歸，亦一喜事也。席散，坐車歸臥，比醒而香伯來賀，同坐車至大有觀影片巴黎春光，記蒙曼特一區畫家、舞女技術至詳。散，復坐車至三六九餛飩細粉乃別。余至雷家飯，有燒黃魚及燒豆腐，李夢彪同飯。飯後雷孝實講項介人係俗人，宋子文長財政部，曾任青島煙酒稅局長，因而起家。世楷係望之初為介紹，介人亦看中，嗣邵力子妻傅學文又敦促始訂婚。余歸，過貴陽街訪劉文川，其女將能行走，比明外孫為健。有同居王太太幫助，且

榻榻米乾淨，小兒易爬行。白西寧南路走回，月色皎潔，今日為陰曆十二月初七日，明日為臘八釋迦牟尼誕辰，余生之前夜為晴明有月，同今夜耶。

彭利人心臟瘤，赴東京群醫會診無效，十二月三十日客死日本，消息見昨報。凌英貞未來，無人能道其詳。銀翼江蘇委員餐聚時英貞有報告，余知必無望，余前曾資以新台幣五百元，稍盡同區委員疾病扶持之意。彭君上海人，年四十四歲，曾任內政部司長，得補缺時辭司長，任立委不久，去夏冒暑調查工礦，病大作，拮据就醫日本，卒致不救，慘哉。立法院祕書處來通知，四日上午九時在光復廳舉行治喪籌備會議。

今日來拜年者，錢十嚴丈、杜逢一、張祉傑（炳麟）、宋希尚（達庵）、莫葵卿、方硯農、王□□，祇晤王、莫。

紀律委員會工人劉荷生因李主任委員抱病，撥往公館隨侍，新來者為曹瑞森，頗循軌蹈矩，今為財委會調往任錄事，祝兼生來商，余允之。

## 1月4日　晴

晨到立法院商彭利人治喪事宜，內政部主任祕書許健、財政部署長濮孟九、江蘇同鄉束雲章及勞工委員會陸京士及梁永章等均到，黃代院長主席，議迎靈、奉安骨灰、公祭及教養遺族各問題，院除前借七千元外，再撥一萬五千元治喪。嗣余參加預算第三組審查四行開支，可詢問其不詳不合者，而不必畫一。高廷梓創此說，而余附和之，而諸人仍主審主問。余乃先退歸寓，整理雜誌及印刷品。飯時菜味病鹹，自新廚朱來下手，遂無佳味。午後略睡，錢十嚴丈來拜年。呂佩文來，同余走後車站購汽油車票，入月臺尚餘一刻鐘，走天橋參觀前站。歸，在天橋上遇朱世

楷、項蓉新婚夫婦自新竹來，蓉頗憔悴。余等上車後，所經覺空曠美麗，以余久未經此，一路抵新北投。在毛神父家詢問，知何芝園之 103 號在大香菌亭之後。自石級上先過王蓬屋，余等先在王屋洗浴，余與陳君樸相繼入浴，佩文不肯試。洗浴後坐屋前，先望紅雲在橫山之後，次變灰雲銜山遮嶺，山腰為北投之樹林，作一青嶂，諸紅屋點綴其間。芝園方種書帶草傷手，屋右又有一方可建屋，則留與查石村，歲繳陽明山地租三百元新台幣。芝園家有廚無水通，接溫泉需四千元，房三，客座一，廚、廁、浴室各一，已殼住，建築所費為美金一千四百元。楚揚大學已卒業，一星期教書一次，得四十元津貼房租。小翠新得獎學金，其長、次兩兄早得獎學金，每份為一百十五元美金。其次子為公司繪圖，假期三日中繪三日，得三十元。楚揚與大哥住姑毛彥文紐約處，彥文肩長一瘤，尚未開刀。五時汪紀南來，六時同飯，七時欽翎偕項蓉、朱世楷來，十一時芷園夫婦送至新北投，余雇一野雞車送呂佩文回。余歸，知錢輝癒（逖先）來訪。

下午二時蔡培元引金秉泉來，伊乘永生輪，朱鍾祺接到。言余家書籍皆散失，沈禹昌欲用箱則傾書於地，大門為倉庫。陸先生華子淦仍住余家，後為學校教員住宅，老宅初住警察局，因鬧鬼而遷至馮心俠家。瞿大成遭巨石壓胸後槍斃。傅江程說了一句「不久蔣介石會回來」，陸宏元教其立高櫃望中央後在太倉槍斃。穎姊去年二、三月赴南京，病卒當在三月中，問不出確實時日。陸宏元，何家市人，今管璜涇事，璜涇共產黨都是彌陀寺後橫塘市一帶人。施振華亦來，問自香港入大陸，香港可得人蔭庇否，余告以無妥人，宜聽機關派遣。

## 1月5日　陰

　　晨赴立法院第三組預算審查，潘士浩詢尹仲容中央信託局保證金利息等，如二進宮之搶板然。汪寶瑄謂美議員就事質訊，每逼近一句以免逃遁，余總以為比對簿公庭更猛則不相宜。今日來列席說明者不少，開會之初，立法委員寥落，余成油詩汪寥落一首：

寥落方知立法悲，機關代表悉來時，
兩排座上空多位，一卷心中照不宜；
豈是危邦無預算，總因美貸怕微詞，
說明未了爭聲起，各有枉煩冤一肚皮。
　　　　　　　　　×

　　抱玄見「各有枉冤」句，謂他們拿得錢多，有何冤枉。余則以為用一人而當之為賊，既不以監察之力摘奸發伏，而以言語刺激之，使自憤怒而作惡或怨恨而怠工，國家之損失，民主之障礙也。行政院說立法院貪廉，立法委員所受刺激及因此而生之行動為何如哉。

　　寫詩後尹、潘質答未已，余尋唐文和，到挹水軒吃日本式鍋麵，每客三元，頗鮮。又各帶蛋糕一、山查糕二，乃回。飯時楊司務燒菜，略佳。飯後閱孟法師碑及廟堂碑，候楊寶乾女弟子台灣兩王來請寫字，錢中岳亦來陪。天雨窗靜，正好寫字，而兩王不至。余搭車至士林為侯佩尹送息錢，佩尹備酒菜相款。先繞園一周，陳子仁贈水仙花等。施季言又出花頭，要求撥地八十畝備洋人造屋，子仁祇允租地造屋，期滿歸公。嗣往防空洞前觀佩尹將遷入之小屋，佩尹唱廣西民間野合歌云「天上太陽耀眼睛，地上草根刺背心」，意嫌未盡，余接一句曰「任郎擺布領郎情」。

酒時大悲講廿五年春日黎國材（壽如）患白濁，而醫生洗濁劑破皮，以致膿瘡繼起，何熾昌疑為敗血，而法國醫生說無妨。壽如有妻無子，其弟頗想得嗣產，於病沉重時要求立遺囑分家財，壽如受精神刺擊，敗血症益急進，遂致不救。佩尹又云區聲白於世界語為前輩，而操世界語流利不及黃涓生，兩次國際大會之後，面和心不和。黎國材與翟俊千同房，初交莫逆，既而國材得志於羅振英，而翟不獲林寶權，遂亦面和心不和。又云有鍾婉如者，廣東維新女子，似係鄒海濱之弟子，與翟俊千、沈鵬飛都有染。翟任汕頭市長，鍾為祕書，鍾呼黎國材為肥仔。又述住南京章景秋八府塘寓，有白氏養媳，溫州人，美而留情於佩尹，終各心傾而潔別，可作小說資料。七時余提傘持花歸寓，市街雨濕，基隆當更甚，今日俞俊民姪女在基隆訂婚，故余不往俞寓夜飯。在寓樓明燈之右插水仙十餘枝，間以紅花，念士林所見金聖嘆貫華堂詩文評選，覺雨夜讀書為人生至樂，洗浴後再讀詩文一回乃睡。昨夜又遭鼠嚙，咬破睡衣及襪統，某夜竟咬余頭皮，在重慶某夜竟為咬破余之鼻尖。

報載雲南北部鶴慶、劍川、利川大地震，死傷二千餘人。

美國杜威州長東游報告說中國需要四種援助：（一）精神、（二）技術、（三）政治、（四）軍事和財政，杜威云精神、政治兩者無需用錢，技術與軍經援化錢少而收效宏，白宮應宣布一堅定明白響亮的國策。

## 1月6日　雨

晨侯佩尹、戴□□來，共往動物園參觀，距九點鐘差一刻，門尚未啟。秦、劉、黃三君共走，動物園臨河，兩橋中日人布置為園，頗雅靜。今深處有軍人宿，高處有警察宿舍，臨流處有垃

圾堆，兒童運動架悉壞，近鐵路橋處正折卸廢鐵，直無是處也。但地既僻靜，樹亦長大，山半懸藤葉若屏，頗可供散步用，惜無茶館耳。入動物園，見猿雄雌伏身而狎，一分鐘即了，精色純白如豆腐花，雌以掌拭精，雄事後雙手遮私處，殆亦覺可羞耶。諸人賞白鶴、二孔雀，悼孀師，師尾有球而項無齾，雌師也，正為尋對象中。劉君又說師知合群而虎則否，兩獅兩虎攫，一虎旁觀，一虎被兩獅鬥傷，再傷旁觀之虎，其愚如此。余等休於小店，食紅豆湯。過羊欄，極臭，掃欄者出糞不遠，管理不算周到。水產館初設，而半已破壞，最為可惜。園屬教育廳，大概廳中不之注意甚矣，為政之難也。十時半返寓，狄璉率妻（蓋平人）及一女一子來，款以糖果。飯時莫局長加菜，佩尹同飯。飯後略臥。余至杭州南路 131 巷十一號溧陽同鄉會，到軍人約二十餘人。余講尚武之重要，芮晉講章禾田講共匪消滅游擊隊之法：（一）為併村，（二）為圍村築籬，（三）為併倉，人民計口計食，並無餘糧。又云共產黨之野戰軍守點，地方部隊守線，民兵守面，我軍之體力裝備，一人敵野戰軍八人，地方部隊十二人，民兵可二十人，但應早日反攻，遲則接應力大減。芮逸夫來後既十餘分鐘，余乃至南京西路十二號浦逖生宅參與崑曲同期，聽賜福、彈詞、思凡、刀會、喬醋諸折，食蘿蔔絲餅一、餛飩二碗。浦夫人陸佩玉之姪，頗靈敏任事。余與朱虛白、佩華曾商徐穗蘭職務事。散會後浦逖生夫婦留飯一桌，盡麥帝拉酒一瓶，以烏魚子、油花生最能下酒，酒後食西瓜三片。坐三輪車歸，霖雨在途，微醺。就枕閱元曲薦福碑，為張鎬抱曲。夜夢先君責余何以任某會開會時之主席，余亦以為不宜，又商葉楚傖，亦以為不宜。醒而幸無此會，覺釋然。會並非不可加入者，先君意勿輕率任領袖而已。

## 1月7日　雨

未起床，劉孟劬引其內弟王蔭槐（江西人）來，願自費留學赴美學農業經濟，求持一年之資學成，最近美領事奉命對留學限制加嚴，恐口試淘汰，求余作書台大教授英千里。余入中山堂聽張其昀講黨務方針十大項四十目。出，尋郭誠車不得，乃入立法院預算第三組，審查各行局投資營業贏餘。陳志賡語我隔昨尹仲容答送禮一節，謂立法委員如有舉發，頗失詞也。十一時歸，天寒，始禦陸京士所贈羊毛衫。下午祝毓來譚考績及白中孚病狀。三時余至建國北路答訪錢遜先，知伊訪余之日，張藕兮及桑圭同來。余亦訪王郁文於臥塌，今日天寒而伊往鐵路醫院照 X 光，脫至單衣並臥玻璃板，實則患大便不通之感冒而已。廖南材昨又闖第光臨探斗家，賭至夜深。藕兮睡起，款余燒紅山芋。余轉車至廣州街，同味經至冷攤為侯佩尹相棉花胎，無佳者。乃入菜弄購菠菜、捲心菜、菜花及豬肝，入鄭家做火鍋食之，小叔及明女皆暢適。飯後步回寧園，天寒月高，凜清無比，頗動歲暮思家之念。

余為味經書屏四條，前已裱就，今日仍懸壁間供余玩賞。余書病在一字之末筆，不能凝重，又小心過甚，不能暢適，但已略有古意，仍宜多寫以求熟練。

江西劉家樹率劉師舜之弟師湯（字就五）以下午來，說明姪劉已達係先失自由而後交代，且未曾擔任偽職，求取消開除黨籍，俾得入台。

## 1月8日　晴，天特寒

晨往院中，為彭利人骨灰明日上午九時半由復興公司 Poas 飛機由東京運送來台開治喪委員會議，迎接、開弔日期及致送賻

敬各節。余入第三組,略坐即歸,飯時海帶湯極鮮。飯後解衣
臥,臥醒,邱紹先候余鼾聲,而亦在椅上睡著。余飲茶後,即同
邱君購南京板鴨,時遇一工商專科之學生,在廣播電台彈琵琶。
店主人知余名,特別便宜一元。余等候車赴中和鄉,仲翔家門
局,藏所攜物於廚房,乃走後面小路入王公嶼宅,約伊為蘇松太
茶會講話一次。又譚民政之難,保長、鄰長非尋厚皮厚臉之人不
能擔任。四時走枋寮,擬渡新店溪乘十一路車,知此車近已不
來,乃回中和鄉乘長途汽車。今日往來均走小路,車夫偶不小心
便易開入田塍中,至溪州而仍大路。回寓後,余攜酒與魚至鄭
宅,再為佩尹購棉胎,無佳者。夜飯時吃魚圓火鍋,候鄭明爐
頭髮未回,步行歸寓。明月在高,天清寒生,街市寓中有宴會,
停汽車十六輛。四分段換橋梁,二舊鋼梁入水,一人失蹤,二人
重傷,莫局長遣醫前往。余在樓上無事,成詩四首:

## 中和鄉之游四首
### 尋黃仲翔不遇
川湍橋外走危車,望裡冬榮紅野花,
我覓故人雙入市,足徵近況是清嘉。

### 訪王公嶼譚舊
十載民廳一嘆嗟,亂山屏擁宅邊斜,
重巒隱隱青層次,中有危蹊雲自遮。

### 十一路公共汽車停駛枋寮余不之知,臨溪折回隨書所見
臨溪車斷寂枋寮,一路窰煙逐野燒,
紅度林間映天上,萬華燈火水心搖。

## 長途汽車歸途寄唱

野店溪橋行處新，一痕腰月落窗頻，

寒流夐夐歸人晚，即使今歸失舊鄰。

## 1月9日　晴

未明前即醒，恐誤彭利人歸骨飛機，不敢再睡。成詩一首：

## 擁衾一首

玻窗搖撼雞聲戰，臺女翻身踏被寒，

我擁重衾寒不覺，漸生虛白竹闌干。

　　辨明即起，至中山堂，南北二門皆局，望南門有女影，至則為凌英貞。候汽車久不至，忽報日本飛機已到松山飛機場，彭夫人率女先往，余等六人竟不得車，乃改乘三輪車至善導寺。黃國書、谷正綱、水祥雲等均至，彭夫人麻衣捧灰匣，哭極慘。諸人行禮後（陪彭回國者為張迅齊，述利人病未開刀），余見劉鎮南，引入內層供居先生骨灰處，劉天天來清掃。韓同引余見南亭法師飲茶，自後門出，入三六九食麵。余入立法院，主煙酒公賣宜為中央稅，台灣算中央委託辦理，宜列中央收入而為補助地方支出。空言一回即歸寓，廖南材來，約星期六七時陪夏光禹夜飯。黃曰昉來，述孤兒寡婦為人陵辱之苦。飯後天忽暖，譚訓聰來坐，將赴花蓮市菁華街女中鄭校長處任庶務。趙樹德來，求得年老黨員救濟金，並告中國銀行退回陸長鑑登記表。諸人去後，余摺紙訂日記，並到德豐購到可用之十行紙。尋張、洪二君不遇，宏元已遷重慶北路二段三二號。歸錦姪處飯，逗明孫一回，飯後走歸。明日邱清泉（雨菴）將軍自殺成仁三周年，

余輓之曰：

忍辱三年應雪恥，幾人能武又能詩；
成仁是簡男兒樣，登陸君魂附大旗。

## 1 月 10 日　晴

　　晨監察委員黨部委員就職，總裁監誓致訓，謂任了委員須接近黨員，莫當自己高了一層。李君佩約余明日下午工作檢討，王亮疇先生見余，又囑裝牙，鈕先生車送余歸寓。余閱中華書局歷史第六冊稿本，略為訂正。中午飯，飯後睡起，歐陽樊來，以所編儒家王道政治一冊囑校閱。三時出席預算第三組，已有建議意見，余主張兩項：（一）有關政制興革，不直接關係預算者不必建議；（二）所用文字指責人者一律從輕。余即歸，再閱教科書，既畢乃訂日記。六時至孝實家，七娘病瘥，望之青光眼，今日打金針。孝實外出飯，李夢彪因病不至，余食扣肉過多。將陳雪屏核准項蓉月薪為一百八十元之信交望之，余即至中華書局交教科書，姚志崇、何子星均在，食橘，莊前鼎家約下星期四夜飯。余至李向采家，方仲豪夫婦率女在，李向采姪孫昌灝在，說笑一回乃返。枕上閱蘇州中學教員英文研究會所編中華高中英文三冊，沈問梅等五人所編，名作悉備，惟太艱深些，又閱鹿樵紀聞。天暖厚被過暖，不易入睡。金秉全自南投民生街 65 號來信，六日下午伊同凌念祖及一姓周者曾訪余，七日下午五時方抵南投。凌銘來信，屏東輪八日自高雄開星加坡、加爾各答，航期三月，公費尚未成功。

## 1月11日　雨

晨七時半起，北大民八留法之同學吳肇周來，同往師範大學為蔡先生八十六歲生日祭，距廿九年三月五日香港逝世已十二年，王亮疇先生不往參與司法節而來院甚早。羅志希報告蔡先生生平，錢思亮作學術講演有機化學十年來之進展，原本為炭，炭與輕養淡錯綜化合於燃料，則自煤油而汽油而飛機油，於食物、於衣著、於藥物，盤尼西林、伯里馬格之發明皆引用此理，錢君製模型多種，謂藥之有效部分及激起反應部分，惜不能完全知曉，如能明白當更有進步，長生不老不難實現。錢氏今日推崇法人柏司德及美國天才化學家 Woodward。十一時散會，先在休息室糖果，次在合作社飯，余購私酒一瓶助興，芮逸夫、李濟、董作賓均同席。一時返寓，二時半在紀律委員會舉行一年來工作檢討會議，四時半歸，途得春星電話呂佩文不能來寓。余至中山堂參加憲法學會，未聚餐，特捐一百元先退。乘三路車時遇沈君，同往雲和街飯，以凍豆腐、燒素雞為最佳，陳澍德亦來聚餐，贈余日本筆兩枝。停電復明後，余同沈君乘車至車站分路回，余因早起覺體子疲倦。

## 1月12日　陰

晨赴立法院討論統一稽徵條例，余責行政部門不能認火柴為奢侈品，又不應將有修正之法案及未通過之稅率列入預算。回寓大索今晨所失五角票，約三、四十元，余疑老鼠所銜，劉局長及黎子通皆云不至銜去，如不銜去則為人竊去也。子通攜綴英十二月卅一日信，五月之件當時即收到，早已用完，伊不去北京仍住原地，甚好，二子仍有肺病須吃藥，仍待寄款。（穎姊見背狀）穎姊是五月底在令頤甥處病故，為了心中著急，好幾次好好的坐

在凳子上會得跌下去，這次是坐在凳子上跌下去就故，無病而終的，衣棺都好，和尚六人念經，葬花神廟公墓，大家之意幸虧如此，不然那還沒有這樣的好，還要涉及子女，現在他的子女等都好，勿念。余閱之，淚奪兩眶而出，即走告錦姪，姪亦悲邑。出，至愛國東路口賀韓叔和嫁女，韓兄燾及紫石之孫皆在，幛屏花籃俱有點綴。客以司法、立法兩界為多，江蘇同鄉到者頗多，余任招待，結婚時避免作來賓演說。同林棟走馬路，棟家住南京花神廟，云祇有義塚無公墓，公墓殆新建云。余友張毓書每為余至花神廟購花樹，張君曾助吾姊之殮喪否也。韓家設席滿廳，余食一冷碟即至秀武處粥飯，以滷肚及豆腐干為佳。出，至和平東路飲廖南才五十二歲壽酒，遇陳獨真、夏光宇，光宇云袁氏曉園與葉南已歸國至北平，袁久為共黨，不知確否，夏夫人疑葉太太或受其壓迫也。南才處三桌麻將，三桌席，席為夏光宇之廚子，烤雞、胡葱鴨皆佳，末後再有雞湯，雖不用魚翅、魚唇，亦太費矣。以門第言，泰縣之韓，嘉定之廖，在承平如此不為過奢，在今日薪水階級百物騰貴，以節約為佳也。八時許返寓，今日失財四十元，未達到助人目的，或且助賊，是余不謹慎所致，嗣後當心。

得香港聖士提反學校錢山書，商其弟慰慈入臺證事，金秉全離港時曾去辭行。

## 1 月 13 日　午前晴，下午七時雨

晨黃廉卿來，為之作書致鄭彥棻作紹介，謂其熟悉海外，有志僑務。祝毓來囑批檢討優劣意見及考績案，幾乎各有所獲。楊子奇來謂前介紹作虎尾糖廠臨時工人，以其年齡適合退休不能成就，茲助王大吉幫過舊曆年，求余再為介紹。余至鄭家，鄭嫂

氣上升不舒，鄭明加班，余歸閱何仲簫陳果夫年譜稿。候錢桑圭來，同坐車至洪叔言寓小坐，十二時入王導之家食湯餛飩、蒸及油煎者三種，臘肉、滷鴨及凍豆腐燒魚皆佳，暖鍋湯亦鮮。飯後講我家訓鍊子女各法，導之出彫刻之銅木竹等器物，云其所好僅此，中華路頭各古董店可以欠帳，亦可分期付款。一時返寓小臥，臥起閱果夫年譜竟。走建設廳招待所應薛大可、曾今可、王觀漁招，福建菜兩席，到鄒海濱、黃純青、趙炎午、賈煜如、鍾伯毅、張默君、林熊祥、魏清德、魯蕩平、李漁叔、曹昇之、成惕軒等。侍酒者為上林花侍者文文、秀琴、雲霞、紅珠，雲霞貌如劉愷鍾，煜如先生以為奇，面貌平正，體如江北人。秀琴頗膩，余謂打伊，伊云不怕。文文為上林第一花，玲瓏而已。飯後群老歸散，余等至上林花特種酒家小座，王君又召來碧珠，云是上林第二花。諸侍歸則易旗袍更制服，制服為淡灰嗶吱內襯西式雪衫，下為西裝褲，酒間在二樓，更衣室在酒間之後，花園在酒間之前，占地頗大，夏日在樓園納涼亦算佳處。四樓為臥房，為接客之所，余等未參觀，圍座飲青酒、黑松汽水、食橘。諸侍剝橘，每瓣連皮，大可謂之霸王鞭，又以橘絡相聯可套在花瓶上，大可謂之觀音座。侍者嗑瓜子敬客，此中亦有小點綴。余虞夜深先返，此為兩年來第一次至特種酒家，風光如是，青年必有入迷者。

晨韓同偕妻邵志傑來謝步，晚又接請柬，約十五日正午十二時便酌。

## 1 月 14 日　晴

晨赴中央黨部，聽崔書琴闡揚主義黨的理論研究報告，嗣赴圓山，總裁命人讀黨政業務基本要領，其間論三不管、論村幹、

論糧食、論自衛、論接收、論反攻之始難終易，其言曰「我以為在反攻剛剛開始，我們將會遭遇到許多意想不到的困難，在最初半年至一年之間，仍將是我們軍事進展最困難的時期，或許還有很多的挫折。」此番議論作反攻之準備，係去年十一月十九日所講。在圓山紀念周前聽蕭毅肅講周西成坐了吃鴉片，鴉片需用老槍，煙須冷入乃美，最窮者吸回龍煙，在其人背後吸其一鼻孔所出之煙，若其人悶氣，在後者無可吸入，則自後槌之。最後講某秀山縣令懶不收拾之故事，講未畢而散。回寓送陳果夫年譜至農行，何仲簫不在，翁序東贈（一）銀行制度大綱初稿、（二）中國農業金融制度擬議、（三）反攻大陸發行貨幣緊急措施、（四）反攻初期金融機構措施要點四種油印件。下樓逢趙葆全，歸途訪張百成未遇。回寓睡，陸京士來，謂殷子水於前晚卒於宴席，其子係利泰紗廠廠長，陶百川就殷寓商大東書局復員印鈔票及郵票計畫，而殷驟卒，囑余輓之：

周甲壽方新事業，奮揚大東端賴當前計；
盤辛春正麗飛昇，頃刻闔座同深異路悲。

　　余又為江蘇籍立法委員輓彭利人：

辭從政而入議場，所謀端為勞工，一意望中興，詎料鞠躬盡瘁；
病台北而死江戶，絕症竟窮醫藥，同人策善後，如何卹寡矜孤。

　　捉對時侯佩尹來助整句，款以茶酒。夜吳瑞生送白布來，余為書之字太瘦整而墨色不佳，且有墨汙，下次寫件墨宜悉放右首。

　　下午侯佩尹去後苗告寶來，託伊妻王羣英求為農復會牙科醫
生，囑余言於樊際昌。告寶譚閻百川不堪事數則：（一）閻五妹
慧卿適梁上棟之姪□□，百川久與亂，每次均攜之往外埠，惟最
後離太原則置之，人以為五妹在此，閻必回來，不知其並五妹而
棄之矣。（二）太原五百完人祠是百川原定計畫，三十七年冬日
百川已準備一照片，桌置 KCN 毒藥五百〇一瓶，五百為餘人，
一瓶為百川，後並懸馬歇兒像，此照片告寶有之，將以示余。
（三）陳納德民航大隊百川有股分，山西金鈔飛機運出交其四子
在美國者名志敏，五子在日本者名志慧。（四）侍奉閻之繼母者
有外甥女某，閻近亦與亂。（五）閻之第二媳已寡，閻第五子志
慧通焉，媳所生女恥之，家書有云：「家庭穢亂如此，誓不願見
之，將為修道士。」錫山初以武備學堂至日本士官學校，歸為標
統，入民國做盡壞事，委員長討閻、馮時曾云此二人不能赦免，
顧時局造成此時仍為不倒翁，真民國之怪事也。

## 1月15日　晴

　　晨至善導寺為公祭彭利人招呼一切，上海法政大學同學會送
來輓聯。濮孟九語我利人生於寒素，中學卒業後即就調查統計室
孟九室任事，法政大學畢業已為添補之資格，在上海縣與鈕長耀
利害衝突，長耀未臨彭喪。今日立法院中人來弔者不少，家祭時
放爆竹，以紙燃燒亦未發聲，真算倒霉，大概是受潮之故，爆竹
忌先打開先懸掛。余俟立法院及治喪委員會祭畢，即至中央黨部
參與動員會議，先在第一會議廳開綜合會議，崔書琴、李中襄、
黃少谷報告一切，次改在設計委員會新屋小會客室討論本黨的動
員任務，其中除動員運動外又有改造運動，余主張後一名可省，
改稱改革事項。倪文亞以車送余，謂今日名詞亂造，架子實足而

所做常不切實際，又曰中國國民黨者，在中國人中而為國民黨也，本黨前輩深體人情之作風，犧牲自己的精神，文亞深切了解而願踵步遵行。今日討論之反共抗俄總動員實施綱領，分經濟、社會、文化、政治四項，在精神方面、實質方面有所興革，此為在計畫反攻之外又一準備，余樂為參與。十二時至韓叔和家，徐銓、儲家昌、陳桂清三夫婦外，有女教員□□□及法官夏惟上，敬民弟，曾任碧山地院者也。食銀翼減碟添料席，以脆鱔乾絲為佳，余說笑話頗多，陳太太於曹佩衡女處知余愛滑稽。二時儲家昌送去，返寓錢十嚴丈來，小坐即去，余悶坐至夜膳時。膳後同邵介堃中山堂排班參加立法院黨部晚會電影，五彩捉盜片毫無是處，京戲拾黃金有紹興打嚴嵩頗趣，戴綺霞木蘭從軍，余觀至改扮男裝乃回，在西門町吃西瓜，冷冰入肚，頗快樂。

余寓居南京祠堂巷時，某晚劉三囑陪林公鐸（名損，一字公度）飲，時余在立法院主男女姦非無罪，公度書一詩係讀新刑律之作，詩云：

櫻花一夢記模糊，眼底心頭意自如，
寄語從今桑濮上，明珠但莫贈羅敷。

當時未注為誰人所作，今晚讀石遺室詩話卷一，則知為丹徒丁叔衡（立鈞）之侄丁傳靖（闇公）所作。叔衡先生守沂州，歸主講南菁書院，所作詩不可得，闇公喜為詩學，梅村有擊筑集頗有新意，此首蓋因有新意而入詩話也。

自立晚報十四日載翁文灝附匪始末，云翁於共匪渡江後赴法居巴黎，初拒絕與當地使領往來，亦不接見記者，後共匪利用其住居北平之愛妾周蓮瓊（周□□之五女，燕大文學系畢業，曾留

學法國，為文學碩士），由鄧穎超、康克清出面，派往匈牙利京城布達佩斯開世界學聯婦聯青聯和平聯合大會，女匪幹蔡暢挾周參加，翁乃到匈京與周相晤。由何長工、馮文彬出面保證翁生命安全，並准其以科學家身份為人民服務，一面派特工祕密監視。翁、周欲設法逃回巴黎，終失敗，翁只得投向共匪懷抱，隨俄顧問到西北查勘礦苗。

自立晚報十五日載文娼蘇青（寧波人）寫「結婚十年」、「浣錦集」、「續結婚十年」，魚水歡描寫色情，最近則作「談女人事」，捧匪偽所頒婚姻法。

## 1月16日　晴

晨祝兼生同馮葆民來，同余至台大醫院 506 號探白中孚同志，披皮衣坐病床，謂將照 X 光治血管硬化等症，其女親戚在側。出，到泉州街六號海員黨部俞飛鵬交給施復昌，俞在高雄，由楊清植代辦。余在交代冊蓋印後晤賀者甚多，有花籃二對，與建菴同赴美之沈琪問起建侯近況。歸至立法院，正開全院審查會議，富靜岩主席。余至樓上參與木柵中興村基地蓋疏建房屋之抽籤，余未曾抽到，抽到者六十餘人。抽籤畢，發現其中有重名一人得抽二次，趙君有責難，結果封籤再開會。實則每家佔地近十五方，房屋與空地為一與四之比，營造面積僅十八席·六六，造價尚不可知，無甚好處。飯時黃君加菜請夏君，略飲酒，飯後朱佩蘭來訴苦。二時馮葆民又來，同往公路黨部監交，譚嶽泉方自花蓮回，黨部有基金約可滿三十萬。歸寓，同侯佩尹西門町吃西瓜，途遇黃仲翔，回來寫詩三首與黃嫂。夜膳在錦姪處，戴恩沚來謂貢三判二年，情況尚好，唐丕汾新生一女。金秉泉語恩沚云卅九年十一月貢三被拖到海神廟清算，鄉人無說壞話者，拖上

海城，有一、二人指摘，罰錢而罷。四十年三月土地清算，賣三
悉繳出，有開明地主之稱，隨有人謂現貨尚有隱匿，故爾遭繫。
飯後歸途，俞俊民來約星期二夜飯，譚周佩箴似為肝癌，進展頗
速，總統送五千元醫藥。佩之長子世傑為日本飛機子彈打死，幼
子覺先為共產黨殺死，其證據為陳立夫過港，覺先同伊合在一處
照相。又譚周君梅在日本已有就，其夫人周張芷英在日本之法使
館任事，張在港時原佐一猶太人經營養氣公司，其人衹識英文，
張英、法文俱通，為之繙譯，入法使館之緣由因此。俞去樓翼雲
來，囑保證入中央印製廠，工人名義而為封面印刷之美術設計，
余今晨在台大醫院前遇伊父桐孫胃病初愈，翼雲云遷居螢橋後闔
家均病，惟伊獨免。

## 1 月 17 日　雨

　　晨候葉寔之不至。得祝兼生電話，白中孚同志昨竟病卒。伊
通縣人，單身在外，子在原籍，在中監會寫字十一年，頗為盡
職。昨余往探，尚呼我為祕書長，謝余照顧。余聞耗慘然，未往
立法院參加全院審查會議，在寓整理書架抽屜。飯後馮葆民來，
同往鐵路黨部監交，余略講話，今晨章鶴年兄曾來奉邀也。回寓
寫輓白中孚聯：

任黨職十餘年，謹慎從公，竟在台灣流寓死；
離家鄉數千里，窮愁終老，不堪通縣夢魂歸。

　　又撰祭白中孚文：

嗚呼中孚，昨猶坐言，孤身病榻，神明具存，豈意一夕，遽隔九

原。錄事竭勞，正字無誤，接人以溫，效忠則固。自京而渝，不改其素，自京而粵，懷憂抱痾。豈意履危，重過渝蓉，寒風海口，病體折衝。兩年旅台，沈痾積胸，醫藥罔效，遂致令終。嗚呼！同事十年，所經萬千，一朝永別，如何可涓。鄉里隔絕，喪不可歸，爰謀火葬，魂魄奮飛。嗚呼！反攻樹旗，使君歡悅，酒漿既奠，助君心熱。君附而歸，何虜不滅，君雖死勤，沙場比烈。嗚呼哀哉，尚饗。

　　五時同兼生、林成根商中孚善後，即至杭州南路一段 103 號莊前鼎家。今日為孫再壬（五十）、吳亮言祝壽，莊夫人及陳嘉猷、孫伯顏、凌同甫夫人合治菜兩桌，華九星、陸鏡宇、葉昌鑄、郭祖淇攜女，莊前鼎攜懷孕夫人，孫再壬子時中，餘為陸孟益、戴祥驥及中華書局姚志崇等，團團兩桌，以凌太太糟蝦碌為第一，莊太太奶湯菜花及滷鴨膀亦佳，莊太太五柳魚魚背未熟，孫太太炒冬筍，冬筍質不佳。飲青酒，邱梁欺前鼎夫人不能飲，不料能飲三盃。葉昌鑄能猜拳，余桌孫壽翁開五盃，小典堂內通，吳壽翁率眾來打飲八盃，薄有贏餘。莊家今日出一明磁折邊大碟及古銅蠟臺及香爐蠟臺，獅座龍柱，又有寶象蠟臺一對、玉塔一座，十接三層，皆古董飲食器皿，皆擬上等人家在大陸不能如此也，孫、吳皆感謝自由中國不置。十時返寓。

## 1月18日　晴

　　晨立法院院會通過預算，於以提高結匯證售價所得指定為調整軍公教人員待遇之用一節，中央認為不妥，結果分為兩節。九時余入殯儀，並送白中孚同志到火葬場，中央各單位同志來拜者甚多，白君同鄉欒君明新及義女歐陽無垢答禮，李君佩來主祭。

下午再往院會，至六時議不完，乃決再延會一日。黃國書為召集
國民大會事請吃夜飯，余未到。余至朱鍾祺家，有寶山太太二人
（鮑太太、朱太太）、孫允慧候余打牌，飯後共打八圈，飯時以
豆瓣豆腐、羊肝為美。十一時回寓，豐穀病已見愈。

## 1月19日　晴

　　晨院會，於應行特別注意及改進事項之第六，慎重處理預算
法第五十一條之規定之下，又有並應事先徵得本院同意。余意既
言預算，則係在事先立法院所同意之案，不可瑣碎，且出售財產
審計部應注意，主張將最後一句刪去。其初附議者甚多，彭爾康
答覆以出售中紡公司為例，中紡實未送預算，且至今尚未售出。
而劉啟瑞指余所言是為官僚資本說話，真是不知所云，而院中
人竟為空口號所懾，舉手者三十餘票，復表決只三十二票。夏濤
聲主張取消同意二字改為並須事先送本院審議，則又通過照改。
立法院明白事理者少，可憂也。十時一刻余到中央黨部分白中孚
遺物，與欒與歐陽每人金戒一大一小、銀圓十、新台幣三百餘
元，並送二人至殯儀館領骨灰，二人對本會處置表示感謝。余至
士林向陳子仁催侯佩尹所租屋能於年底空出，子仁正忙煩於施紀
言索山前場地事。歸，到中本向朱品三以蔣孝先所開總裁年節贈
金一月八日支票兌現，支票今晨葉寔之送來。寔之致喟於中央及
總統府兩祕書長之不甚稱職，總統府祕書處財務之不公有弊，殺
人之案不無冤枉，最近有因科員貪汙而判科長亦連同槍斃，最後
因有人爭之，乃改為無期徒刑，不能再輕，總統前能說話者甚少
等事。下午謝仲仁因其子謝修本自香港來，送來花旗柑及蘋果各
四，並引揭陽縣黨部委員陳詩聰來訪。余午睡後香伯來，云徐宗
彩因無錢購床尚未結婚，丹山屋被人索取。余與黃國書聯名致書

李建興，丹山日用頗愁困難，先向余取存款利二月。余等欲出時金仍千來，愁無事。金去余等往吃西瓜，遇翁序東，入國際觀影片玉面虎。余至陳嘉猷家飯，嘉猷夫人所醃肉余取一塊送鄭味經，鄭嫂方服中藥。余入一台灣美容室理髮，又剪成煎茶童子式樣，前次居覺生先生見之，曾謂不如和尚頭者，今居先生見棄，無人管此閒事矣。回寓後浴即睡。寓中黃君、劉君返東部，啟文傷風，伊今日為余寄袁雍匯款信。

## 1月20日　晴

　　晨醒頗寒冷，上下身均羊毛衣。王子弦兄來商借三百元卒歲，云去年以七百元過年，今年不能如此，又云從前十元、二十元不必計較之，今則算至兩元、三元。又王子壯嫂黃海所存金以鄭君培仕離公司無人負責，幾將本利無著。九時周賢頌來候余，車上俞俊民、譚錦韜（中信工程師），至金銅礦局，局長魏華鵬上車，同驅車至基隆，光華島側有地名八尺門。乘該局專用火車沿海岸行，經八斗子、深澳、浭子寮至水南洞，全長十二公里，行車四十分鐘，碧波晴麗，礁石曲折，與昨日影片中所見南美海景相同，灣岸無大山則不同，有沙岸處略有漁舟，車穿三、四山洞，則見有一圍海水發黃，知為銅水浮海面，則為水南洞，專用火車至此而盡。上望廠屋，負山重樓，知為選廠，其左則為煉廠，最下新建紅磚房則為煉金廠。自站易吉卜上山，行三公里，數步一灣，至金瓜石則為總辦公廳與招待所，招待所日本皇太子曾住宿，臨門一木假山疑是紅檜根。第二室為客座，松風謖謖，室頗精雅，懸何敬之相片。客座內一室為榻榻米房，日本所臥，略內轉則為有廊之大寢室二間，一室懸福田大將四字橫幅及山水絹本，仿宋大幅皆精。二房之後為過道，下女室在盥洗室、浴室

之左。走盡則為可容兩桌酒席之客室，余等在此宰飯，嘉興丁陳威（仁偉）、崇明周亮九及賢頌同學孫延中及廠長李文鐘同坐，盡台灣威士忌一瓶，菜以炸蝦穌為佳。飯後先至第五長仁礦巷口，據云礦體巷道全長四百餘公里，礦區位於基隆區之瑞芳鎮及雙溪鄉地區內，現日開工者亦二十餘公里，礦水熱濕不潔，今日不及參觀。於礦口乘有機車引前之運料車，每車安二椅款客人，搖搖若開路神在小鐵道上。鐵道盡則為下山之纜車，一線引二車，一上一下交於半中，重慶之儲奇門、里昂之聖茶纜道與此相同。纜車盡則為無機索道，以第一接車軋住鋼索即行，人坐在板凳上比椅為穩，索道下斜。洞口則為鋼索空運箱之落石樓，箱所經鐵索為軌道，其旁另一線則為繫重之用。樓之下為運石車接石處，有一人專司開煞樓板使石裝滿，滿則二女推車至圓軌翻車架。有一人司倒箱入選樓，計可安五組，右三組供銅，左二組供金，銅已設備而未全。金石兩組則由極上層擊石、碎石、篩石、磨石，經五、六層始為石粉，經水若泥漿含金者，百分之八十入煉，其餘百分之二十泥漿歸海。自最下選廠左行則為選廠與煉廠之空隙，下望沉澱銅採集場，銅槽若數塊黃田，色有深淺，含銅亦有別。魏局長云如無錢購廢鐵採集，銅悉無用。入煉廠，上下三、四層，最下則見煉銅鼓風爐，見大塊粗銅云含銅 90%，轉右則為煉銅廠電解工場，經電解後則為 99%，銅板可供軍用及換取外匯，室盡處有一火爐，半小時一傾倒，余等至適不巧，不能久候乃下。入煉金廠，分熔煉、分金、電解各部分，金可煉至 9995，約二日電解成工，晚上停工則鎖入箱中，明日繼續加工。余等入庫見副產物，重五百兩之銀塊，價祇新台幣五千元，還不及大洋值錢。魏局長云獅子吃貓食，越吃越瘦，終必壽終正寢。現在該局所望為美援救濟，共需七十萬美元，四十萬求資源

委員會撥，三十萬請 ECA 核撥，商於中央信託局者為周轉金，金子祇求提價，工本為每兩一千二百餘元，送金入台灣銀行則為每兩六百餘元，銅周轉金一來回須五月，如運日本立即封款則為三月。諸專家有才無處使用，設備及人才廢棄可惜，立法院僅指一部分礦場出租民營，未列專案繳庫租金，真是見小遺大之論，非親往參觀不之知也。自煉金廠再上招待所，飲咖啡略休，乃到地震坍方之處換乘福特車，經九份山市、七番坑、瑞芳，自瑞芳十公里而至基隆。飛車入觀前街合作金庫崑曲同期，方唱刺虎、辭朝、游園等曲，食春捲，今日點心多而人少，最後王節文八角鼓風雨歸舟及大西廂各一段，余學犬吠，大笑一回乃散。余歸寓飯，飯後坐休，寫日記畢，略有頭暈。

關於金銅礦局尚有應記之點：（一）該礦自一九三三年日本礦業株式會社成立，始正式作有計畫之開發。太平洋戰事發生，日本以海運困難，器材無法供應，金礦於 1944 三月，銅礦於 1945 三月先後停辦，三十五年資源委員會接辦；（二）有廠長名白本廉（字公介），鞏縣人，焦作工學院卒業。三十六年二二六事變後三月一日夜為平素偷竊礦砂之暴民踵逐，亂槍齊發，伏身滾落山坡，匿草叢得免。此人設計整理極為努力，礦廠舊用風鑽，工硅病叢生，日營時代視生命如草芥，不以為意，白請改為濕鑽，初改時工人多以不慣反對使用，白力勸誘，使用後疾病減少。白君四十年九月廿一日因肝硬化病過；（三）生產金月一千五百市兩，電銅月二千噸，硫化鐵二千五百噸，白銀月約一萬兩；（四）日本人河合堯晴、西谷民雄、村岡貞勝、竹市龍治四十年九月三日到金銅礦參觀。

日人過專用鐵路，見沿海岸所作木柱鐵蒺籬單線工事，問此何謂也者，譚錦韜答云此為演習用，用後忘撤去，不敢回答是國

防工程也。

## 1月21日　晴

　　晨夜回暖，余起換蓋次厚被，今晨醒時特寒，又罩一薄被，正戀衾暖思補餘倦，而周亞陶來接。至中央黨部，在楊佛士處知王雅已升級，胡希汾處知果夫先生墓上已略種樹，無需繳款。紀念周唐迺建講大陸工作人員之難得及共區農工學各界思想之解體。散會，余至農林公司尋凌同甫未遇，在中信局遇汪公紀、李景琚。還寓，於路上遇陳堃懷妻，引伊到寓小坐吃蘋果，余飲蘋果皮湯。飯後臥，臥起赴紅樓洽星五蘇松太月會地點，歸途購園林柑，酸而汁多，余又飲柑皮水。到迪化街告錦姪二十三日不往夜飯，姪寓因房東之子將婚又掠半間，空隙益小，而明孫今日極歡。余購日本蝦米與冬菇分贈雷家、鄭家，在鄭家飯，有天菜燒肉，頗可口。余出購鹹魚，將以一斤餘鹹肉贈孫秀武，而秀武不至。

　　連日報載邱吉爾訪美將返，軍事上與美國一致，經濟上獲得美援助，決定：（一）韓戰休戰談判失敗，英國贊同把戰爭擴大到中國；（二）贊同美國保衛台灣；（三）同意日本與國民政府簽訂和約。邱氏十七日謂英國在外交程序上可能有一時歧見，而我對美國不容台灣之反共人民遭來自大陸的侵入與屠殺極為忻慶，我國外交部亦表示英國能如此亦足快慰。

　　自立晚報載隻塵譚記廷杖，凡杖者，以繩縛兩腕囚服逮午門外，每人一門，門扇隨闔，至杖所，列校百人執木棍林立，司禮監宣駕帖訖，坐午門西墀下，錦衣衛使坐其右，其下緋衣而趨應者數十人，須臾縛囚定，左右屬聲唱喝闍棍，則人持杖出闍於囚服上，喝「打」則行杖，或伺上不測，喝曰「用心打」，而囚無

生理矣。五杖易一人，喝如前，每喝環立者群和之，喊聲動地，聞者股慄。凡杖以布承囚，四人舁之，杖畢舉布擲諸地，斃者什中恆八九。

王培禮、方肇岳、肇衡、肇錕於七時再候，約除夕往李家夜膳，余未遇。余攜柑、蘋果、煙、來亢蛋、鹹魚與肉至秀武處，伊方吃喜酒返，云戴了陸太太所送假鑽環。歸，車經中華書局，晤姚志崇，方約人明日往凌家宜早，姚君云同甫今日生日，明日不必往矣。余與凌家菜無福吃到，上次大雨尋不到寓所，今晚又誤作明日，真奇事也。

## 1月22日　晴

晨至武昌路對茶葉公司之農林公司住宅謝凌同甫，昨日見招未往，同甫已往辦公，晤其夫人，參觀園屋，屋已毁住，惜園中花木欠整理。出，到立法院領二月薪，即至迪化街購物贈王、錢兩家，到鐵路局交與王為俊。飯後二時豐穀來，開中央日報監察人會，黎世芬總理報告甚詳，發行增加及於民眾廣告頂真收入增加，惜養人之計畫、加薪之準備四十一年預算中皆被畫作贏餘。三時半散，羅時實來譚，朱佩蘭來，贈以過年應用物。張默君來，亦補助伊節餘分撥金五百元慰伊喪子，伊閱詩一回乃去。余至俞俊民家飯，張九香子乃新自香港來，俞家姪小姐之未婚夫蔡君來，呂氏兄妹妻女、九香夫婦，菜嫌太多，廚房贈余水果蛋糕。回寓，狄賣陶妹來，為伊女出嫁請余為主婚。夜不寐，閱陸放翁詩之評點選本，成詩一首。

夜不寐有作

雞鳴澈夜何其愚，鼠齧縊縛哀我書，

江南萬卷失可惜，心上故人死欲無。

## 1 月 23 日　晴

　　晨未起，陳炳源來約星期四夜飯，狄擎華來述溧陽共黨執事者為省中校長周宗姬、縣中校長周咸昌、光華校長周如膠，女子為姜愛蘭，碼頭街姜寶德之女。反對之者為陶國華本家蔚元，任戴埠區長被捕後得保釋，今在太湖打游擊。本家思想左者佶人、兆寬、兆俊。在上海三十九年春被殺者為育才中學教員狄憲章，知白生活甚苦，進堂藏絲作老本被人告發，狄山不願做第二次漢奸。十時至中央黨部領得過年津貼，十一時賀趙韻逸任檢察長。在重慶南路遇潘士浩、席文德、劉脩如，邀余往榆園同飯，飯後余邀往四姊妹茶，遇戴志鈞等。歸寓臥，閱報未合眼。侯佩尹來，錢探斗來商借美金二十元，余無美金，借新台幣二百元去，佩尹亦取去朱處利息。四時同佩尹到台北賓館游園，上樓日本歸僑歡迎酒會，僑機未到，陪賓吃菜幾盡。余又陪王德箴走園徑一回，何子星期除夕飯，余已應三家，謝之。六時到雷孝實家飯，趙友琴先生、呂著青、徐炎之夫婦、李夢彪、李鴻文、冉寅谷等食蓉村菜，飲 VO 加拿大威士忌一瓶，歌唱而散。歸寓，陳宗周送來膠皮底鞋二雙，狄慧齡自新營送來香腸。

## 1 月 24 日　晴

　　在寓時聞炮聲，知為軍事演習。前夜傳南部於九時曾放警報，松山機場曾封鎖數小時，又傳大成島失了一半，游擊隊被困各情，漸見緊張矣。飯後吳瑞生來，三時出購書，蒙李韻清送英

譯四書及傳奇琵琶記、牡丹亭、長生殿三種，趙叔誠送地理教科書初高中一部，韻清示我古逸叢書及張宗昌所影宋本書、日本人新印曲子。六時至同安街七十二巷二號陳炳源家飯，炳源自燒菜，以黑木耳肉圓為最佳，家銑、兆麟、擎華皆在，飯後炳源女表現幼稚園歌舞。余過南昌街書攤，見十八家詩鈔及五朝詩別撰，版本均平常，索價均在百元外，未能成就而歸。夜閱袁枚年譜，欲吟詩一首贊之，未脫稿而入夢。

## 1月25日　雨，下午陰

　　晨往圓山軍官訓練團第十期卒業，總裁訓話，昨六十七師與三十二師演習，三十二師下午演者為火海戰鬥，美軍官悉臨，上午為戰鬥射擊及紀律，射擊主要在命中。總裁云各軍都有各種研究，甚好，但兵士也各人做各人的，不大統一，各種加巧表演方式可以無須而歸於統一。次讀大陸失敗之檢討，均關於東三省者。十一時半返寓，曾至中華書局小坐，辭明晚何子星招，孫伯顏約年初六飯。下午寫喜聯，焦立雲為磨墨，余勗以勤奮向上。二時至紅樓蘇松太同鄉月會，請王公璵講對各縣觀感，汪公紀來而未講話，黃竹亭彈唱珍珠塔婆媳兩相會面一段。今日到五十人，食湯糰，湯糰遲到，請了紅樓中人。六時狄膚陶妹之女姚景蕙適張堯亮，余代為主婚，男家主婚毛人鳳，證婚俞際時，云張堯亮侍衛總統八年，曾得忠勤勳章。禮畢余至朱鍾祺家飯，以雜燴為佳，飯後打牌四圈，坐三輪車回，禦絲棉袍不見暖。

　　昨晨方祖亮來，余贈以食物一匣，囑伊帶給許建元，建元又懷孕九月。今晨姚振先來，云伊家前住北京前毛家灣，今日結婚之妹年三十六，實大伊一歲，婚書上少寫數歲，伊母好繪人物，亦愛音樂。

## 1月26日　晴，陰歷除夕

余答謝賀陽曆年者，以紫字名片略綴短文，錢中岳為余託鐵路局印刷所印成，精美無訛脫。晨起分別寫地址，寄最遠者美國陸幼剛、潘公展，航空每份三元三角。閱袁枚評傳。臨善才寺碑，唐魏栖梧書，魏碑意極重而活潑，翁方綱評格韻當在薛稷之亞、薛曜之上，余極喜之。飯時吃火鍋，盡劉大悲所贈來亢蛋，飯後略臥。鄭明來送年糕，狄德甫夫人杜劍雲來送年禮兩色。余出至峨嵋街寄信，五時半至沈善琪寓，張壽賢在，善琪方祭祖，兩眼縈淚，雷燕珊不在。出，至張九如家飯，潘□芬來陪，九如燒黃芽菜，開洋海參、肉圓、醃燉筍均佳，筍湯極清美。出，至徐炎之家，炎之子穗生有空軍同事白雲昌、王憲文、韓秉鐸（濟南人）、許澤鴻、蔡昌業，此外為趙友琴、張振鵬，盡蘇格蘭威士忌一瓶，飯後跳舞歌唱，余暗中離開。至李向采家參加沙蟹，贏錢回寓已將十二時，與秦啟文辭歲乃臥，枕上飽聽爆竹聲。

## 1月27日　盛晴，元旦

昨邵介塍未回，開門竟夜。起身見東方紅光陡起，庭綠合碧，杜鵑吐紅，美麗萬狀。念穎姊逝世八月，塵世愛我最深之人往依父母，竟棄兄弟，望空一拜，兩淚簌簌。既而錢中岳、林鼎銘、胡光炳、王介民、李自強、林成根、祝毓皆來拜，成根講陵園管理委員會祕書林元坤（培楨）為匪所殺，祝君談楊、謝相爭案。余至鄭家食黑洋酥湯糰。歸，施振華、吳瑞生、蔡培元、凌念祖來拜年，每人給以四十元。虞克裕、汪天行、吳迪、沈成春、顏肇省、汪啟泰、陳宜誠、郭曾遹、丘維正、吳寅介、郭澄、樊中天、胡希汾、陳謨、林德璽、許松齡、夏曦、慶澤彬、錢驥、王世勛四家夫婦來寓，皆未晤。晤者歐陽樊、戴問梅、陳

引舟、王逸民、黎權夫婦、趙耀東、耀中夫婦、孟傳楹夫婦、梅必敬夫人、□□□夫婦、朱人德、黃曰昉及婿與母趙佩、馬□□。諸人到時款以茶果，許多人愛食橘，橘為彭廚所贈，余贈廚房六人以巾及香煙，彭廚炒杏仁回敬，而杏仁味苦，乃改送乾琴與橘，橘極甘也。三時至凌同甫家，在客廳飯，今日太太們茹素，所煮菜味不佳，余亦不敢飲青酒。在內室與何子星、姚志崇、孫再壬、邱紹先打麻將，余曾放一北風與子星和三番，扣一西風使紹先少和兩番，子星甚歡，盛說牌風可喜。孫伯顏夫人甫上桌抹牌，而其六歲子艱於語言，大便絨繩褲俱汗，奇臭盈屋，孫夫人蹙額料理，余謂此為小兒點綴新年趣事。十時半返寓睡。

## 1月28日　晨雨，向午開晴

　　晨章鶴年、曹佩蘅及婿與外孫劉孟劬、鄭克宣，同謝仲仁及其新自香港來之子、朱鍾祺、舒尚仁、張□□、程樹德來拜年，謝君贈清茶。戴恩沚及施振華來，徐振聲來約飯，既而林潤澤、李懋寶及其夫與子、韓同、黃堅、何聯奎均來拜年。余同子星出拜杜毅伯，遇鄧建侯、毛子水，見其姪攜二女，姚從吾未遇，蔣慰堂未找到住處。余至青田街十二弄十七巷一號徐振聲新寓，修葺得尚可。以時距飯尚早，余至陳家拜果夫嫂，以立夫在美國家務自理頗苦，若回里則易為實不相干之議論所及，仍主張以在國外為妥，頗具卓識。余之輓聯懸於客座最要處。出，至鈕長耀家，俞成椿及其女傭皆為閔劍梅家之狼犬撲身咬人，咬椿乳下，現打皮下，最厚之肚皮上須打十八針，勸其鎖住此犬，閔置不理，頗有暴發戶之狀。回徐振聲家飯，以鹹魚為美。飯畢，至廖南才家見其父、子女三人。出，過于先生門前，見趙友琴，同入書室，于先生斟大陸來黃酒命飲，出好雪茄煙命吸。余勸先生自

書件懸於客室自欣賞，先生曰余書最賤，有求者隨應之，惟來索今日酒者須自攜瓶示誠意。在客室遇黃昌轂，昌轂先走，余與趙先生走時，于先生贈戴愧生所進雪茄煙 Coronas de la Alhambra 各一匣。出門遇居叔寧，余云至其家訪伊母，伊即陪余返家，方轉車時余董彥堂，得陳百年先生溫州街二十號三號住處。余贈彥堂以半枝雪茄，叔寧曰半枝尚贈人乎，余曰煙極精，朋友遇知己無害也。至居夫人處，謂百日成主擬在善導寺，伯齊在比京學業尚需二年，學費尚可支持。居先生哀輓集周年忌日宜編成，其遺著則宜分段託人，如辛亥前後、如西山會議、如中華革命黨、如環龍路四十四號、如清黨、如司法，皆宜早日搜尋。先生寄夫人之信亦百餘通，可以珂瓏板印，余今日見先生遺札為香港難民救濟款如何分法及□□□一信，皆宜印行。出，余攜居先生所用璧字十珍印泥作念，叔寧堅欲以三輪車送行。余至雲和街九號訪王豐轂，走陳百年先生家未遇，遇先生於和平東路警察所口。余訪朱宗良不得，出得車，見路上拜客車穿新衣攜妻子，遇熟人相拱手，頗有新年景致。回寓，□□□、姚振先來拜，余出時未遇者為洪蘭友、李家祜同妹家瓊、丘維正、狄君毅、王培禮、俞良濟、沈琪。五時許陸京士來拜年，王培禮率眾又來拜年，李向采閱善才寺碑頗樂，孫秀武說過年富了僕人窮了主人，香亭遇給錢者進茶，未給錢者將去，香亭候於門，殊可鬧也。息電復明後，諸人歸去。下樓，余又得錢其康、童光焌、朱敦春、張敏中四名片，不知何時來也。余至鄭家飯，以鮓為佳，鄭明女伴宋、陳打呂宋，余坐之贏錢。飯後兩國叔、林在明送余登七路車，余至錢家同王世勳、錢羽霄等打麻將六圈。陳敏自花蓮回，探斗以余告其夫人伊曾向余借錢，怒而還余錢。余歸寓已十一時，浴後即睡，閱琵琶記，愛其道白捉對工穩，又閱舊日記，讀書識字之記

載近日嫌少。

余心愛之日本菊水磁壺係周世和在戰後南京冷攤所得物，今日不知為何人打壞壺蓋，甚可惜也。

## 1月29日　晴

起身後補寫答謝賀年柬，到郵局寄發。至張懷九先生寓告伊孫鐵人臥病，當為設法五百元寄去。張先生云當在環龍路四十四號時，國民黨到霉，無人辦公，孫鐵人任祕書，一人張羅，第一次全國代表之黨務報告亦孫君所寫。又譚組安於傅良佐到長沙時移其所部所湘南及湘西，自謝軍職，約余至湘西軍中為之參贊，傅良佐似處囊中。又曰余之任湖北省主席，伍梯雲子朝樞提出，經組安贊成，實組安主之也。出至雷家，僅女傭在家。出自徐家，香英及丹山皆不在家，余交李建勛覆信不允住房。余再至顧家，主人皆不在，臺灣大溪女傭款余蓮桂湯、甜鹹粽，惟赤豆者嫌生。再至葉寔之寓，門前遇姜紹謨，至洪叔言家留飯，先到劉季植見其與朱慕貞所生之子，貌秀似女，能爬行掙起。余飲高粱酒一盃，略食滷烏澤魚條。歸洪家，蘭伯所蒸干貝湯及炒二冬、線粉湯均佳。回寓臥，施政楷夫婦、戴丹山夫婦、呂松盛夫婦、凌同甫夫婦均來拜，最後侯佩尹來，同上車站。余乘五路至頂溪洲，竹林路走盡籬笆，左轉至徐復人所營屋，平房紅牆，在大樹側，頗為穩適，工料亦合上海標準，從門口望新店，諸山飄青欲起。余同陶家麟、蔡□□打麻將，飯時楊寶乾來，今日漱霞師生辰，約余往飯，余未能往。徐家年菜以臘肉為美，鹹好以醬塗抹，風雞次之，風魚有泥土氣，為余添炒青菜二碟，紅頭鴨湯細粉亦美。飯後洪亦淵、何尚時、楊寶乾均歸，余同復人夫婦打牌，至十二時臥張伯雍床，閱伯雍所作自述。

## 1 月 30 日　晴

　　晨天明即醒，起身閱秦漢史開明本，於古時風俗政制均有述評。余自廚房出走庭中，覺所植樹太整齊，房雖殼住，而清潔之整理之已須若干工人，一奉賢女傭頗耐操作。余食粥歸，張伯雍送至五路車站，伯雍云兒童室以水門土地為合，地板不相宜，以其易黏汙難潔也。車上遇譚惠泉。回寓，知崑山陳其政、談龍濱、劉文川、劉兆田（江西永新人）、陳寶麟（字冠靈）、趙葆全、查石村、潘士浩、王企光、杜光勖、何尚時、鍾伯毅、王子弦、何仲簫、丁治磐、馬銳（勇先）、張默君、陶懋衡、龔浩、朱宗良、張堯亮、姚景蕙皆於昨、今兩日來拜年。余得秦滌清紐約書，喜其已至紐約。錢雄飛英梨書，云於十五年前在邦加島 Banka 南榜埠 Djeboes 開種胡椒園及樹膠園各一座，用費三萬餘盾，日寇南侵全部破壞不堪，三年前始著手整理，刻已具雛形，並自建房屋一所，今秋可有收益，擬離 Ende 至南榜。余覆書教育事以不放棄為宜，一以栽植子弟，一以親近書本免俗。十一時至耀甥處，伊云身體不佳，明孫則有話要說，比之劉季植子活色結實，相差多矣。回寓食鄭明所贈冠生園年糕，飯時食醃鯽魚，飯時趙樹德來坐。三時坐三輪車至杭州南路 111 巷二十七號，同朱盧白、佩華叔侄打麻將。飯時徐炎之禁伊夫人飲酒，情急之下竟說吾妻身體如受損壞，狄先生哈哈一笑，無關痛癢，其實當時余未勸徐夫人吃酒，炎之提余不知因何，余頗慎耐，終席余亦不飲。徐夫人來替佩華打牌，笛聲唱聲在隔室，再一時許炎之課俞小姐折柳，勉能上口。余等因戒嚴，在一時後不許行走，玩至天明始歸。

## 1月31日　雨

　　歸寓知馮葆民、上官俅、陳桂清、樓桐孫率子迎凱、莊前鼎、夏煥新、盛成之、戴問梅、吳慧如等來拜年，前鼎約今晚飯，桂清約二月一日晚飯。得欒明新、歐陽無垢書，白中孚骨灰存屏東市東山市，曾唪經一日，謝余照顧喪事。十一時赴麗水街，車過永康街，晤伍叔儻，言陳含光文勝詩，駢體已比洪亮吉為佳。又言錢基博之子錢鍾書中文、英、法文均佳，現為清華教授，年僅四十餘，又病不知國家危險而搭架子者，云台灣一地祇是全國七十分之一，而其人之架子幾有七十分之八十，相與興嘆。余送伊至和平東路，伊約余攜溫州菜赴寧園，或約曾伯與至溫州館小飲。歸途過王導之宅，觀門前流水，晤導子，談子女不可露孰愛孰憎，不可豫先屬意伊學何科，不可令其太知家務艱難，不可令其自幼悉曉人情世故，應接如大人然，損害天趣。出，至顧儉德家，與其幼女逗玩，飯時有青菜燉醃鮮湯、鹽魚塊，余味不減。歸車晤張耀明，譚笑余於過年作諧語「年與人近，錢與人遠」，又云「新衣裳出風頭，三輪車出披頭」、「主人化錢，傭人掙錢」，相與歡笑，伊方欲至北投訪毛神父、何子園，余未能往也。歸寓略睡，殊不穩。四時至中華書局，五時至彭爾康家晤其尊人，譚狄昂人、羅重民家事，同坐有張子揚、賴景瑚夫人與夫人妹，菜以湖南臘肉為佳，餘味炒菜相類似。彭命羅委員車送至莊前鼎宅，吃黃魚及台灣大扁豆及鴨中胡葱極美。九時先忘小帽，下車又失洋傘，傘因雨過後站前修理，攜至莊家，因尋帽而放手，因主人家已付錢而揚長下車。日本製傘，鄭明為換柄，余寶愛之終失之，持傘者不宜坐車也。

## 2 月 1 日　晴

　　晨赴立法院報到，自本次九屆起，八屆曾到院而此次參加審查委員會及住址無更動者，不必填細表及繳照片，祇於表上填一姓名便完事，今日且因二月薪已在陰曆年前發給，報到者不似歷次之擁擠也。在會計室晤唐文和，知伊曾同其夫到寧園拜年。出，至杭州南路昨晚三輪車雇處蹤跡所失雨傘。至徐向行寓，同向行出走南昌街，購道教碑贈伊長子臨模，伊送余至賴少魂醫生弄中。余至雲和街七號，同朱鍾祺、舒尚仁走溫州街，遇蔣丙然、毛子水、姚崇吾、蔣慰堂，子水邀余午飯，辭之。余等入台灣大學擇風景佳處攝影，入傅園，於墓前攝二張，傍杜鵑花砌攝二張，自原路返，食飯有菠菜豆腐一鍋極美。飯已，過南昌街，購蘇黃米蔡墨寶合冊及常州陳烺玉獅堂傳奇十種，有譚獻總序、俞樾分記序，知必合律，歸寓略繙閱之。知呂咸曾來枯坐，馮葆民來送來亢蛋廿，喬一凡、陳鶴齡、潘士浩、王洸及夫人楊俊如皆來拜年，張忠建贈包種花茶兩廳。余祇晤忠建，忠建知余將睡辭去，而余又蓀引曾蜀芳來，伊等昨方自日月潭返，云未住涵碧樓，吃得甚苦，歸途站在公共汽車，人擠站得不穩，極感疲倦。曾女士貌漸豐腴，云在華西壩為余整治牙齒之周少吾已自美國歸台灣，診所亦在文化會。余去余略睡，即乘車探施文耀，伊病神經衰弱，住得壞，吃得太簡單，工作極忙，宜其不能支，即錦姪亦瘦，生明孫無健紅之色，真堪憂慮。自迪化街轉撫順街入中央日報辛廠印刷所，本日為中央日報廿四周年紀念日，懸燈綵慶祝。自排字房隔壁一室聽借東風等京劇，高曉義打鑼。中節參觀資料室、排字房、宿舍、機器間，此處環境汙穢，蚊蟲今日狂飛，余主為編輯室造一樓房，又養蝙蝠食蚊，且囑當心火災，電間曾起火兩次矣。五時半觀花蓮歌舞，既似馬來舞又有日本作

風，非原始如此。張星舫、胡健中、何子星及余，監察人到者四人，同馬社長星野合攝一影，又識農業教育電影公司協理吳強。六時三十分余離廠，黎經理謂能商借一百萬，則贏餘可繳中央，且做些防空設備。余至陳桂清家飯，皆大件，陳夫人自煮，程滄波、韓燾、韓同兄弟、李煥之及留法同學蘇君均在，食畢余再應孫伯顏招自炒菜，吃起極樂。飯後同子星、志崇、陳嘉猷同打牌八圈，余勝利。

## 2月2日　雨

余前日所遺傘今日有人送回，極喜。鄭味經來送魚鮓，狄擎華及家銑來告已自台中歸，曾往南屯視順慶，客來時有茶有煙。十時余出購野荸薺、玫瑰瓜子，至趙耀東中本公司，同張百成、□□□至掬水軒食鍋麵、蛋糕，出遇段書詒夫人及子，將賸餘蛋糕贈之。在正中書局知童傳亨為經理，遇姚崇吾、蔣慰堂正在購書。回寓飯，飯後臥床，聽雨得熟睡。入中華書局，見英文地理字典，祇新台幣七百元。至吳保容寓，畜黑雞九、來亢雞八、陸烏紅二、蘆花雞□，成績尚優。出，同保容走鐵路橋畔，則為天津路，轉上海路、仁愛路而至連雲街。邵學餛來飯，其子五歲半，頗稔余，飯時有拌蓬蒿、火腿湯、炒魚絲及韭黃干貝絲，皆清潔。飯後至東門町新開影戲館名□森，觀學術片「火箭月球探險」，繁星為後景，月球上並無河流，地皆皴裂，歸途因燃料減少須減少火箭本身重景，其中一人初自願犧牲，既而放棄盔甲及收音機方得回地球。散戲，余攜強海蘇格蘭威士忌一瓶歸。本日俞俊民備菜，余未往亦未電告為歉。

## 2 月 3 日　晴，松山雨

晨項蓉率婿來拜年，辭之不可，只得受拜，同往銀翼早點。余至俞家謝昨晚未往，攜素雞歸。同家銑、擎華赴松山救濟院參加溧陽同鄉敘餐（尤介貞自新竹來）三桌，每桌十四至十六人，菜八碗，飲紅露酒。王君為院長，院容四百人，以男女竊賊為多，有籐工場、縫工場、診療所、防空洞等，有松之山名曰松山，山上有高射砲陣地，司砲者佔用活動房子，如以之容納院生，可六、七十人。飯後余略演說，即坐陳超車歸，審計部前乘六路回寓。今日夏煥新、孫再壬、盛成之三人約崑曲同期，唱思凡、琴挑、小宴、賜福、夜奔、佳期等戲。園中鵑花盛開，頗有游園照相者，余樓上設酒盃茗碗。先後上樓徐炎之夫人、女及子、余良濟夫人及女、莊前鼎夫婦及女、朱敦春夫人、李伯英夫人、吳亮言、王祖庚夫婦，取酒樓下飲者趙守鈺、王□□君。以梁慧義率夫及四子女來，伊夫判決徒刑五年，沒收財產，伊今年三十，不堪遭此厄抑，余慰之，允晤律師周還。六時至吳保容家飯，保豐子陪余飯，糟魚、醬蹄、百葉二炒菜皆美。飯後過舊貨店購老雅牌威士忌一瓶，與秀武處小坐，余於除夕以牙竹籤畫伊指縫間，傷痕宛在，向采出余廣州所寫字，氣勢活潑。九時間。本日有席君來住余鄰室，江山之美與人共之矣，席君洞庭山人，曾服務兩路及貴陽運務處。

## 2 月 4 日　晴

晨，陶車來候余甚早，余第一人到中山堂聯合紀念周簽到，同文守仁入南園，一茶三點。出，到中本取利，回中山堂，嚴家淦報告美援三年來之情形（以 1948 美對外援助法案、1951 美共同安全法案為限）。美援運用方針：一、穩定經濟，平衡國

內；二、節省外匯基金之消耗，平衡國際；三、促進農工生產。陳辭修坐余之左，云美援來十，平均須貼錢八，既懼總統因動員而改變計畫，又怕立法院有批評。余請向立法院多提法案，伊亦有難色。出，到中山黨部分利，再到強恕查寶應名冊，知應補者計十餘縣，共六百十一人，每人發三元七角五分，除香港尚餘一千五百餘，尚缺港紙七百五十七元，擬請楊管北暫墊而余籌措歸還楊君。十一時返，飯後得熟睡。三時寄孫鐵人五百元，上午與姚大海商以節餘金寄去。至女師禮堂聽勞榦秦漢文化，勞講秦漢社會組織、政治制度、學術思想、武功、交通、經濟，勞君北京音抑揚得聽不清楚，從此知洪蘭友揚州腔字字著力，可擅勝場也。晤冷欣君，囑余勿作書楊管北。歸寓，至鄭明家飯，送明喜禮千元，林在明則將橡皮膏攜回，小者極細。七時至丘漢平寓，潘士浩活動財委會召集人今晚請客。飯後余同陳桂清走至臨時省議會，云丁汝磐不肯交江蘇及農民兩行與希平之弟，因而與顧失歡，顧墨三宜為江蘇服務，而其左右有順我者生之意，故不能收拾人心。自愛國西路坐車回，天氣夜寒，浴後即睡。

## 2月5日　陰

晨擎華來，同伊至士林參觀養蘭，陳子仁不在，劉大悲為指點擎華，中正大學農藝主任周十祿為大悲老友。大悲門前白櫻花瓣落如銀錢鋪地，來六雞天晴得二十蛋，乃今日室窗緊閉，其日本婦連日正發脾氣，終夜與大悲勃溪，幾毆大悲，親戚朋友為其開罪至盡，大悲正謀遣之返日本。聞此人自天津接收得來，終至不睦，施耐庵所謂五十不娶，不宜更娶也。自士林歸，訪李家祜，約家瓊明日午敘。出走漢中街經濟部訪毛離，經濟部四日遷至木柵，甚為不巧。歸寓，得金輅發起七日午為汪公紀餞行，有

陳天鷗、祝秀俠、黃天爵、劉光斗、李樸生、張壽賢、饒子桓，皆中央黨部舊人，極可喜。飯時索食秦啟文處，油浸豆豉甚美，飯後睡。三時至中央黨部工作會議，鄭彥棻之三組有汪貽讓二人赴日本，乃另拔二人代為總幹事等，須增加代人薪水提案，請在事業費項下開支。余主汪等多開一點旅費，案可不列。余書三字經四句云「巧媳婦，出花頭，好婆婆，難開口」，鄰居之人見了發笑。散會，又詢馬乘風被拘押確否，張曉峰云馬所保三人皆匪諜，三人拘捕，馬亦拘捕，其在大陸時行動亦不妥云。余至南昌街書攤，見有日本版劉向新序，未購成。入正中編輯委員會，劉季洪報告教科書競爭烈，科學書銷路少，黨義書尚成功，請大家貢獻當前意見。余先言排字費工夫，宜徵求發明機器排字之法。羅剛云用打字法已有人為之，但鉛條落下倒側不齊。余又言教科書已出者應檢查改善內容，精益求精，並酌編教員用書，如舊時之教授法。梁實秋鑑於外國之新英文課本，主張國文等課應格外活潑，舊時出題目，作文不是自意思變成言語，自言語變成文字之道，主張用練習簿，使課文之內容學生翻復應用填寫，則國文自通。余又主科學書之銷售須用通俗講演，以喚起人之對科學新趣，自然會來買書。又主張編時事新說，須與一張日報聯合，如中央日報所印第三次大戰寫真即銷一、二萬分。最後則主張印舊小說，如三國志、岳傳、紅樓夢、儒林外史等，印得一般款式定有人來買。余並云惟小說之膾炙人口者，方可銷至最後一部，非如黨義書，一過風頭半擱架上也。錢思亮、秦大鈞、管公度、顧柏言、盧□□均在，會後設席二，飲黃酒。酒後鄭通和車送余至上埤頭王世勛家，觀陳敏等打牌，錢騫對我一句也無，十時余送朱虛白夫人回家乃歸。半夜起暢便。余曾與盧君譚作曲，盧為冀野弟子。

## 2月6日　晴

　　晨祝毓來商案。余至立法院查案，並催十二月一月米油，下午送來，索回袋瓶鐵罐，甚不便也。狄擎華來坐，余囑其訪毛雛。李家祐以十二時來，云家瓊下午五時半到膺處。黃曰昉及其母來，擎華在寓便飯，余陪陳清文飯菜，一席頗名貴。飯後休而未睡，閱陳娘梅喜緣，丑角蘇白極鬆，曲亦翦裁有致，余又閱呂氏春秋。六時至錦姪處，候久之始飯，以醃黃魚為美。飯後歸，得王觀漁、薛大可上林花元宵雅集請柬，余已允陳嘉猷夫人，作函謝不往，同時中山學社又約九日下午七時寧村聚餐，余亦不往。午前黃仲翔及夫人來坐，夫人寫輓方超詞一首，余留伊飯，伊等另有約，各飲乾琴而去。

**輓曹浩森**

其為人平淡公忠，一旦青山，鵑血如潮臺北淚；

記與君扈從危難，凌晨浦口，礮聲破霧洛陽車。

## 2月7日　晴

　　晨寫輓曹浩森聯，到立法院小坐，歸寓取夾衫自樟木箱中，箱在暗處，燃洋臘燭照箱中，燭燃美國紗蚊帳成一洞，撲之始滅。十一時取孫鐵人信，告張懷九先生，張夫人自洗衣，其媳香山（蘇州木瀆）□氏自燙衣，懷九先生講勝利後自沙市歸省張家蕩舊事。出，余步至青島東路裝甲之友餞送汪公紀，汪夫人亦來，計四十餘人。余坐主位未演說，公紀謂有致詞必答詞，不如其已，余仍祝其前途順利、夫婦健康，並祝吳鐵城先生健康。今日到者為吳中央黨部、上海市政府、廣東省政府部屬。飯畢，張壽賢送余弔曹浩森，江西同鄉正公祭，劉士毅主祭，程天放陪

祭，不見胡家鳳在前列，想秀松必辭之也，余三鞠躬即歸寓。閱陳潛翁迴流記，寫寧王婈妃苦諫不從失敗投江故事，同社汪君云陳娘所填曲皆殷湔孫之祖殷復生所按譜。三時半賀鳳蓀來，伊住洛陽街，離寓頗近，同至西寧南路舊書坊問連雅堂台灣通志，三本缺一，索 120 元。余同鳳蓀在中華路四川味吃紅油餛飩，伊即到孫桐崗家教書，余至雷家閱孝實尊人仲宣先生（名鍾德）晚香堂詩集五卷，其同年劍川趙藩有序。孝實小名阿滿，係第五續弦夫人所生，詩稿藏約五十年，孝實無意間在天津得趙藩雲南地址，信去趙欣然命筆，稿來一月趙藩下世。晚香堂中阿滿生有句云「平生無付與，惟是有雕弧」，孝實刻詩，殆是詩讖（孝實有兄成進士者，早故不及刻詩）。孝實為王節如歸家詠詩，余請伊補四句，孝實大樂。飯後赴重慶南路三段訪張岳軍、劉壽朋、周君亮，正宴客，未入。又至同巷蔡家訪徐道鄰，出飯未歸。乃至徐炎之家，孝實唱驚夢，李倬民唱彈詞，余等合唱喬醋、三醉，以徐夫人唱江頭金桂為佳。九時浦陸佩玉來候，至伊客廳，有唱拉京戲好手，蔣倬民唱鬚生，王節如唱大面、老旦、老生，某君唱小生四句，徐夫人唱驚變，徐小姐與蔣君唱辭朝。余暗下出門，見圓圜燈火甚盛，忽念時危世亂，頓覺不怡。至鄭州街，有三輪車夫叫余，必欲載余，並不受值，破余愁悶。

## 2月8日　晴

　　晨頗有游山之意，伍勁夫、邱紹先、錢範宇、黃曰昉先後來寓。曰昉來時余已自錦姪處送肉鬆與明孫吃，又在鄭州街得一絹裱之中堂歸，曰昉為磨墨拉紙，寫詞四句送富霱。飯時在寓先吃一碗，再到中央黨部參加中華文化出版事業委員會，本年二月二日之前奉總裁核定，以程天放、陳雪屏、張道藩、蕭自誠、崔

書琴、周鴻經、劉季洪、何聯奎、張其昀為委員。二日舉行首次
會，推張其昀、程天放、陳雪屏為常務委員，設編審委員會，崔
書琴、錢穆、董作賓、王鳳喈、吳俊升、周鴻經、錢思亮、薩孟
武、毛子水、陳紀瀅、陳可忠、林熊祥十二人為委員，設出版委
員會，蕭自誠、劉季洪、王雲五、葉溯中、張廷休、姚志崇、連
震東、趙叔誠、李鴻球九人為委員。余聞將印行必要之中外古今
書，願參加，今日被派在出版委員會，與蕭自誠、連震東為召集
人。余入第一會議室，濟濟一堂，在隔室飯三桌，以干絲為佳。
飯後開會，天放主席，張、周、王三人皆有報告，程云出版委員
會盼先定書之分配計畫，及與各書局之合約，已有紙版者如何籌
償，新排印者如何計償。余請先懸賞徵求對排字用機器以省人力
之發明。余作諧聯云：

印四部書，情如開四科館；
設三席飯，人似聚三希堂。

　　散會歸，到立法院拉兩台女到寓取去送富霱之中堂。正思解
衣晝寢，許靜芝來商立吳大法官事，同到端木愷事務所及銅山街
與鑄秋商，鑄秋並囑提謝健（鑄陳），今年已六十八歲矣。歸
寓略臥。至雲和街，朱、鮑兩太太（朱學典夫人孫承安、鮑雨
林夫人王氏）候余打麻將，打四圈而飯。飯後至中改與鄭彥棻、
谷正綱、谷鳳翔議定註菲律賓總支部與青年反共抗俄聯合會菲支
部同志間糾紛案，尊重王泉笙等調停意見，雙方略致責備，歷一
時即畢。乘鄭車再至雲和街打牌至十二時，街道行人稀少，三輪
車奇貨可居。時方回溫和春，夜過統府前，空曠壯美可愛，西門
町燈光照軌道及街路，不見行人如蟻之狀，亦清爽異常。彥棻問

我將勉強道藩任立法院長票子如何,余謂勿太勉強為當。今日陳海澄在鄭州路語余謂有人提君武,余謂勿來害人。陳語人云君武貌近名士,一旦任事一點不馬虎,此與白上之看法相同,特記於此,以識天壤間有誤會亦有相知,非見色心動也。

民間知識廿七期載嗎啡代替品 Meihadone 係自化學物 Nitrele 綜合而得,為新止痛藥,施於傷者後疼痛立即煙消雲散。此藥德人用於第二次大戰,美國在 Massachusetts 醫院研究三年,用於韓國者為 iso-Levo 型。

可體酮 Cortisone 係一種賀爾蒙製劑,能治療風濕性關節炎、火傷及燙傷等症,去年經哈佛大學若干科學家在伍特華特 Woodward 領導之下從煤售油裡面提煉得之,自此遂可大量生產,公認為 1951 最偉大的發明。又有墨西哥一家不很聞名的新得克公司 Syntex 裡面有幾位年輕的科學家(平均年齡祇二十七歲),自野山芋裡面經二十二次化學處理,亦可得可體酮。

弧光攝影燈,意大利鮑格凡尼攝影師用兩根直立的炭精棒插在迴光鏡的中心,平時兩尖端分離較遠,攝影時一按電鈕,即能將下邊的一根炭精棒向上吸動,向炭棒接觸立刻發生光亮異常之電弧,使一室通明。此設備極經濟,炭精棒可使用 2,500 次,小型電池可用 1,000 次。

## 2月9日　晴

上午鐵路、公路、航業海員三黨部委員宣誓,何應欽監誓,譚嶽泉答詞。余入漆墨一房間都是人,余曰牆上的(指本黨先烈先進)了不得、座上的了不得,譚則云上坐的不得了、上牆的不得了,最後參加攝影。余欲覓便車至草山或八投未得,乃回閱陳娘同亭宴、海雪記、迴流記、負薪記,以負薪記演張誠友愛為

佳。余出購沙丁魚，正同邵介堃飲乾琴，二方同姨父母來，乃到
山西館吃兩做魚、粉絲鱔、雞絲拉皮，味尚可。本擬同向采等赴
中和鄉候許靜芝，至兩時後始來，侯佩尹先上樓閱日記。三時同
許、侯二君謁吳稚暉先生，請在薦胡翰為大法官上總統、致王亮
疇、王雪艇書上簽蓋。先生譚在美國印行孔子、秦始皇、漢武
帝、諸葛亮、成吉斯汗諸小冊之重要，孔子應自微中敘起，要複
雜如小說，引人入勝，庶幾美國平民皆了然於中國有所自來，非
野蠻民族。又講 1903 在英，維多利亞尚在一笑笑落面粉，以至
於今依里沙白英王室情形。又講北洋學堂任教員，南洋學堂任學
監，講書遭同事忌妒叩頭上當，公車上書見康有為各節。又講
總理態度偉大，胡展堂白事不依照其主張亦點頭稱是，宋藹齡
宜有所歸孔祥熙願娶，總理無人侍奉宋慶齡願嫁各節，謂總理
毫無所諱。最後釋大同篇，謂此乃孔子無政府主義，實現須三
萬年，即如余今日講無政府主義，實現亦須三萬年。大道之行
也，天下為公，至是為大同為總說，以下逐段分開來說。先生說
男有分（分開之分，不讀作份），女有歸，為男女搶得來做事，
出嫁是一平常的事，何必提出來說。講至四時半，先生謂我再有
氣力來講，你們再有聽的功夫否，余謂可講至五時，至五時辭
出。先生今日正清算國策顧問所得薪水，謂存兩萬元，歷三年至
九十歲可以變成三十萬，又胡博淵鋁廠、鋼廠皆請其為顧問，今
審計部出說話指為不可，余把其所得合在一起亦將二萬，積存三
年亦三十萬，如是則為六十萬，可在美國造一洋房大做其研究工
作矣。

　　出，余與佩尹中山北路 140 巷二號劉慕耘家問文虎。余得李
漁叔、陳定山、陶壽伯通知於元宵節略張燈火，並備文虎詩謎共
度佳節，今日前往，知係明晚。出，至中華書局拉邱紹先同赴上

林花,中途邱不往,余至上林花二樓,薛人可‧工觀漁、曾今可、成惕軒均在,停電坐黑,復電魯若衡來。余乘黃天爵車至秀武家飯,有豆腐皮、蒸湖南臘肉、蘿菔絲魚湯,余食飯一盂。出,至會賓樓飯富需喜酒,需盛裝缺點顯露,衣服亦穿得不好,立法院中竟無能打扮新人者,足見樸素。十時至鄭家略坐,歸途書攤見有商務排印之左傳,還價二十元,未購成。

## 2月10日　晴　星期　陰曆正月半

　　晨起有淚哭姊,鵑花紅遍,不知余五內酸楚也。李翊民(字翼民)奉居夫人命來商為居先生題主、編集刊、印哀思錄各節,同車至中央黨部。余約居叔寧赴烏來,叔寧方自嘉義回來,未至。余忘帶國民身分證,回寓取證添衣。回黨部,同蔣君章先在第四組譚話,伊將赴陽明山替李壽雍為研究室主任,前次任中華日報因工作大過勞而傷眼,結膜炎加劇。余足慨本黨往往以不相干之工作損傷工作同志,如中華日報停版三個月,與大局無甚影響。上車副主任班,同往者張明、鄧傳楷、徐晴嵐、陳漢平、梁永章、李士英、郭驥、張壽賢等。驥託烏來電力公司招待所備飯兩桌,同游人過少,乃往杭州南路邀得唐□□一家六口,又得趁車到新店之小姐二人。過新生路張明望其姪不得,余探張明覓友條件,謂須得英文佳者,豫備赴外國得內人外助。過□□□,張壽賢謂有洞可游,至龜山查入山證,自此折南,沿南勢溪,溪水寬狹不等,沙明水淨,沿途往往有烏桕未落淨之紅葉點綴。青山重疊中至烏來招待所,則水閣臨溪,溪水寬廣,室潔器精,余坐臨窗藤椅中吸煙一枝,所未能稱者,平常茶不足欣賞。飯為自助餐,魚捲及炒麵均美,主人敬客以青酒,其一為柯鵬(字滌慶,陽新人),與成惕軒譖,其一石君□□,有眷在台北,星期三、

四回台，其夫人有時入山來玩。余於飯後浴，柔脂滑膩，暢觀臨窗，室寬池大，撫體自感快適。出，過停車場橋又過南勢橋，則循級尋台車站。余與鄧傳楷同坐一車，伊語我在美國不識自動電梯之笑話。台車每乘推行，鐵軌接併處已略有參差，極易出軌。過一小瀑布，軌道積水，約四、五折，則為烏來瀑布，長約十丈，寬為上二縐下三縐，今日左一縐特肥，中一股較瘦，再左則水自石縫中出，下亦勢大成三縐也。余觀瀑行近，此為首次下坡，同張明走近瀑潭，立大石上，漂泉濕衣，涼氣襲面，如以夏日來此，當極有趣。上坡觀山地舞，無音樂，跳泥腳板，簡單可憐。歸途台車下山坡極快，雖險大家稱快。入發電所，為半自動發電廠，用四人，以一人管理電鈕，三人司加油等工作，機器來自日本發電□□□□□，陳誠有記。歸招待所，略坐飲茶，即搭谷鳳翔車過新店，見嬉春之高蹻戲，又有精上身抹花臉若傷師者一隊。鳳翔今為副祕書長，比余等早到烏來，伊已同諶忠幹在木柵前及過木柵一里許勘疏散地兩處。入台北市，伊送其幼女返家，余至陳嘉猷家同凌普、何子星（兩人合一）、姚志崇、孫伯顏打牌。余先勝，最後得四元，時已一時許，宿中華書局三樓。閱英文阿根廷風景畫冊，凌晨起吃水，不再入睡。

## 2月11日　晴

　　六時即起身，廚娘已起煮水，阿朱之繼任者，不會操國語，但微笑而已。七時歸，阿陶未八時來候。余至鄭家後入中央黨部，陶希聖已在做紀念周，講總動員之於今年，因帝俄正在中國作無產階級鬥爭，使中國均屬於無產階級，為俄國作農奴及礦奴，同胞水深火熱，不於此時反攻，國人或將絕滅。散會，張靜愚送余歸，謂美國現出席聯合國為代表，往時說中國三個月將被

共產黨席捲之 Josef 亦作如是看法。靜愚並謂蘇俄以全力支持中共，設美國不以全力支持我政府，反攻尚有困難。十二時在寓飯，飯後臥，潘時雨及朱人□均來擾余，至三時後始入睡。睡起往食鄭味經生日麵，語鄭明成大事者不生小氣。六時至江蘇聯誼會聚餐，晤李壽雍、王懋功、丁治磐、顧祝同、希平、束雲章等，余作諧聯「江蘇大聚會，新正小團圓」，並說笑話三則。觀山地阿眉族跳舞一會，乃至松山站送汪公紀赴日本，晤劉文島、吳鐵城夫人、祝秀俠夫婦、謝仁釗夫婦、羅時實、于錫來，錫來背余莫愁湖五束一同諧聯，羅時實囑為錢範宇向中改介紹。機場月光甚好，余作聯送公紀「燈前嬉笑光明月，節後奮飛黑白機」，余囑公紀一切忍耐，勿與人生氣。余來回皆乘張九如車，並同其夫婦在機場進點並飲咖啡。

陶希聖之演講題可稱為中國大陸之蘇維埃化，民國卅四年四月中共第七次全國代表大會通過毛澤東「新民主主義論」，此乃根源於 1928 年第三國際六次大會「關於殖民地半殖民地革命」的提綱，外表是附會三民主義，戰略就是共產黨要自民主運動中建立他的專制政權，不久新民主主義一轉而為人民民主主義，聯合政府也一轉而為「人民民主專政」。人民民主主義的經濟政策分三個階段，要做到：（甲）對人民資產的掠奪；（乙）對國家資源的掠奪；（丙）加入蘇俄國防經濟體系。人民民主專政之的政治體系要做到三個條件：（甲）一權主義的政府；（乙）對人民生活的控制；（丙）對人民思想的控制。此種方法在波蘭、羅馬尼亞、匈牙利、捷克也是一樣。南斯拉夫的狄托不肯亡國，共產國際的情報司譴責他：（一）南共不肯從人民統一陣線轉化為人民民主專政；（二）南共不肯實施土改，讓農民還保持私有土地；（三）南共不肯消滅資本主義，讓小工商業還能存在，那就

是說那一個不肯做精光的奴隸，便是反叛之徒。

## 2月12日　晴熱，入夜霏雨

立法院第九會期集會，黃國書主席，討論四、五案，中山堂停電，乃宣布休息。余搭鄭彥棻車至台灣省黨部拜戴季陶逝世三周年，遇陳伯稼、陳百年先生、成惕軒、周象賢、金葆光、蕭同茲等，張岳軍主祭，鈕惕生等陪祭，祭畢同白上之重入立法院小坐。十一時返寓，閱徐象樞寄來讀者文摘十、十一、十二月三期。中午飯菜顏色頗佳，飯後熟睡，不敢再往立法院。顧授書先生昨在新竹嫁女，今日來台北覓余，伊陵園銓敘祇得360，孫科之次子索洋灰兩包不與，在上海助陳石泉，地政局人評之云，顧先生祇死板板做事，不曉得做人。以三十八年陰曆除夕來台，余宿歸莊之日也。余心甚喜，電話請林潤澤、祝兼生來晤，共訪中央通詢社廣東王科長，並往安東街尋蕭同茲，皆未晤。歸漢口街，興業建築師樓下別，在萬象得購韋莊浣花集十卷三冊。歸寓稍休，即到鄭明家同陸再雲飯，以蔥油豆腐為美，飯後講璜涇喜事喪事及溧陽祭祠盛況。歸得項蓉書，痒症未見愈，心緒不寧。

## 2月13日　晴

昨得沈階升轉來立夫賀年片，夫婦兩人之具名頗膩，今日又得一謝念柬 Thoughtfulness，並注云幾天後將寄你一本妙書，因航空不能寄，包裹恐怕要一個月才能到你那裡，你耐心等罷。

陳 立夫
孫祿卿

自由譚一九五一年美國的出版界載法國作家瓊·保羅·沙特里作煩惱的睡眠，馬西爾·阿密作奇異的理法師，兩冊皆為寫法國道

德衰微之小說。又一百年前法國旅行家阿斯杜菲戴・科斯丁作「我們時代的旅行」，去年在美國重版，告訴讀者過去俄國統治者的暴政與今日一般無二。

昨晚洪陸東來送鄭震宇外交意見：（一）我國控蘇案聯合國已通過，我應乘勢促美國在聯合國倡議再堅決聲明，如蘇聯及中共匪幫再有新侵略行為，應視為第三次世界大戰開始，英國在聯合國亦有應負之責任，美國亦應促其就範；（二）日本一再聲明中日訂約乃條約而非和約，與台灣政府訂約而非與中華民國政府訂約，所實施之範圍乃現在國民政府所實際控制及將來可能控制之地區。鄭主張：（一）即促美國駐華大使來台，並由行政院長聲明，如日本態度飄忽則日本代表團不必急急來台等語，囑余轉送吳稚暉先生。洪君子洪直在溫州創游擊隊，已具聲威，最近甌江口洞頭與共匪格鬥，傷亡甚多，第七總隊司令王祥林傳已死亡，洪直因病王祥林軍費不公開，此次未往。余又蓀來告結婚已定期四月四日。凌績武來述調職往新成立嘉義監理所，即日啟程，前來告辭。余、凌皆未晤見。

天色晴麗，余閱陳潛翁蜀錦袍傳奇既畢，到南昌街書攤得劉向新序日本版者兩冊，有白氏長慶集，太破壞未購，又得王筠說文釋例影印者一冊。又走至萬象，購孫師孫師鄭舊京詩存上下冊，中有同徐少逵太先生唱和詩，書係錢自公物，內夾朱錫百先生□□年十月廿六日致自公同年條，謂邱瀣山囑交者。余民五入京，常往爛熳胡同常昭會館，師鄭先生住前跨，少逵先生住後跨，常見兩先生詩筒往還。錫百先生之拜見則在清宣統二年隨沈商耆師赴蘇州旅行，時先生監督江南高等學堂，自後先生任江蘇省政府祕書，葉先生讌客常有先生，移鎮江後同為法規編審委員，曾同往揚州購書。先生遇後輩極厚，今日無意中得手札，極

可喜也。下午在家縷書，至四時入國際觀電影，劫牛群競馳馬，羅馬古事須廿日方演。出，吃冰西瓜兩次，遇吳煥章夫婦攜一子，請往渝園飯，矮熱菜貴且少，遇陳定山等。回錦姪處再飯，飯後赴中華書局尋子星、志崇，到凌同甫家雀敘，中夜食粥，以油花生為最美。

## 2月14日　晴

晨七時同甫駕車送客，余歸浴，食蛋。甫就枕，賀鳳蓀、廖南才皆來譚話，南才說徐恩曾向其戚雷允上嚴□之索賄及陷伊狀。中午余至忠園，梅恕曾約抗戰自南京出發任立委至今未他往者樓桐孫、鄧鴻業、祁志厚、陳茹玄、鄧公玄、楊幼炯、彭醇士、陳顧遠午飯，惟董其政未至，余前名曾簡任為立法委員而重被選者，其聚會稱舊雨新集，今日則呼為老老會，老委員老朋友之會也。同人囑余草一函慰問孫院長，廿八日再集會。會散回寓睡，侯佩尹、祝毓來，耀甥與錦姪抱明孫來爬地板、滾橘子、看鵑花。項蓉來，同往吉甫應顧授書請譚醫生及伊女西餐。出，至雷家吃餃子、鍋巴飯，歸寓，何子星、姚志崇來送歷史綜述稿。得沈元明書，二月十一日所作，尚泥淖香江，有愧京士先生介紹。余至忠園之前曾探京士夫人，遇家銑。

## 2月15日　晴起風，盼雨，既而仍陰，五時後雨

晨曹佩蘅及婿梁宗一來，梁新會人四十二歲，物資調節委員會課長，今會改局，求余設法蟬聯工作。梁去，劉荷生來取件，余入立法院坐114號，右鄰韓忠石，左鄰丑輝瑛。今日祕密會葉公超報告對日和約，葉昨抱病，有寒熱，嗓啞入座，上臺三次報告殊短，程中行表示不滿意。余取錢後返寓料理雜務，飯時加

炒蛋，飯後臥。梁慧義來，思擔任工作，余介紹見朱鍾祺。吳瑞生同朱可久之女來，余介紹見雍興公司之人，擬為計工生。客去余略睡，至中華書局交歷史綜述，主採用勞幹稿。到中央黨部繳案卷。到居家，居夫人及叔寧皆不在，與劉鎮南商瑣事。至雲和街，朱鍾祺新購馬將牌，余等試叉兩將，又因碧子去觀電影，余車十一時方回，至添四圈乃返，來回路上皆雨。

## 2月16日　雨

晨項蓉自北投何芝園家來，云身上痒症經打針、服藥、洗溫泉浴，癢狀略減。伊磨墨坐余寫輓聯。

**輓李曼瑰母雷太夫人**

有女為文學名家，聖善記成作人範；
畢生持教宗精義，神恩獨厚錫天梯。

又代白瑜輓：

篤守教義，廣被慈恩，七旬德壽彌高，夙深崇仰；
想象音容，低徊居處，一旦範模遽失，痛極瞻依。

寫成之後同到南國吃早點，味殊不惡，歸寓復購紙包橘贈之，不如朱歐生送余者之新鮮。回寓飯，飯後略臥，項蓉來辭行，楊寶乾夫婦來飲乾琴。鄰窗望雨中杜鵑，安坐領盃中雅趣，楊夫人平日無此適也。候張伯雍來，洪亦淵率子女來，同上山西館吃餡兒餅、燎餅及炒麵，余思一魚三吃，索價三十八元而罷，遇王啟江，移蔥燒牛肉一盤來。六時散，余至俞五家飯，飯後同

六姐入中山堂，陶益珊請觀大鵬劇社草橋關、兩將軍及大英杰烈，十一時散。余送六姐歸後尚得返寓，六姐已準備余臥鋪，散戲早得歸臥為適。寓中圍棋未歇，余洗浴後閱暢流即睡，周君亮有王牧童傳。

## 2月17日　雨　星期

　　晨食點有蘿服絲餅，稍整理後坐十二路車至松江路叩胡立吳宿舍門，正宣佛號。至立法院宿舍稍待，病腸者□□□貌益瘦。余坐潘志希房茶，與立吳略譚，即至陳伯稼寓閱古事比及顧氏四十家小說，劉蘅靜從黃君璧學畫，余戒之曰無若爾師黑及中西雜糅。姑太太煮飯，有蔥蛋有豆腐，投余所好。飯後至長春路，雨橫風急，雲暗山低，至陳嘉猷家小坐，陳夫人頭痛不往聽崑曲。余歸易服，至社會服務處崑曲同期，洪蘭友集團送程競英小花籃四隻，又有送大花籃者，台上裝水銀燈、擴音器，樂器笛之外加笙二和三弦等，來賓有谷正倫、陳定山、陳茹玄等。先唱驚夢、驚變、彈詞等曲，彩排游園，圍聽者一百二十人，張善薌老到而其徒程尚稱職，惟闊嘴紅顴扮相不佳，但費時費錢已不少矣。余至臨沂街八巷八號倪德明家，程澍德做菜，以冬菇雞湯、貢干燜肉為一等，干貝蒸蛋、魚皮及竹筍醃鮮為二等，諸人盡高粱一瓶。教育部張君語余黃德祿去年被殺，又有浙大畢業陸君將往美國農部習農業經濟，有一女患雞骨背，將尋俞時中治之。飯後雨勢不已，余同王豐穀先回，豐穀語我沈階升目疾不見痊愈，余極悶悶。聞德祿不永年，讀書種子為共匪摧殘，余極悲傷。

## 2 月 18 日　雨

晨赴中央黨部，聽黃天爵華僑對祖國之貢獻報告，云全世界共一千二百萬，以在暹羅者最多，往南洋者有「三亡，六留，一人歸」之諺，今日華僑與共產黨之奮鬥在第一線云。回寓候李翊民不來，余與張壽賢商以開一籌備題主會為宜，壽賢語我伊將赴西貢，余頓憶民九同程演生送入堤岸穗城中學讀書之任其達，不知作何狀，當托壽賢詢之。閱大陸雜誌，臨秦金文始皇二十六年詔橢量。凌英貞同彭利人夫人來謝，留吃青茶，是時天寒甚。飯後睡起添衣，房中停電。出尋張百成，方開會，余自衡陽路至漢中街理髮。至凌同甫（普）家候，同甫散工方出，至雅安街喚不到黃曰昉，乃走康定路至鄭家飯，素菜居多，食之至適，以芹菜及菠菜豆腐為美。持傘走歸，雨點頗大，今年雨季似開始得較遲。鄭明三月二日成婚。今日念孫仁，電建設廳詢問，孫全杰答孫仁往羅東，其夫葉君往大成島，似不甚得意。昨日梅必敬自綠島歸已數日來謝，必敬失自由共二十一個月。

## 2 月 19 日　雨

晨赴立法院會，龐松舟、嚴靜波報告四十年度追加預算經過。余擬赴陽明山，郭澄來候未遇，再擬搭倪文亞車，以車不便行駛而中止。十一時自院歸，今日外交部借寧園宴日本議約團，余室亦插玻璃、潔地板。錦姪攜明孫及房東小女為施文耀覓藥，耀患神經衰弱以一月，服藥不見痊而畏聲益甚，且易冒火，錦姪照呼一孫一病人，生活困難，向余下淚。淚落而余又蓁來商四月四日喜事。中飯馬光□來，啟文加菜。午後睡，余擬赴小組會，會在昨午已開過，阿陶來候余赴出版組會，會因中央黨部無空屋而移至星期六。歸途至中華書局，陸孟益已辭主計處職務，而任

分局文牘兼出納，暫住何子星室，孟益得二月間無錫一書，無內容。余歸閱劉向新序。五時後走鄭家飯，有豬干火鍋及燒豆腐，歸途經同甫寓，何子星及女一筠在，同至中華書局尋姚志崇不得，說笑至九時方回，宴會尚未散也。

## 2月20日　晴

　　晨粥後，易裡衣為穎姊所手製之絨格子短衫褲，外穿皮袍、手套、絨襪、圍巾全付中式冬季裝備。至監察院商三月二日為居先生成主禮節百日，適為三月一日總統復行視事之慶典，浩然主後一日適為星期，從之。蘭友車送余歸，凌英貞來交為代購之海昌藍布，因談算準人求幫忙之難，彭夫人余井塘頗為關切，擬謀一就，又女孩兒家應令練習講話。英貞講時黃曰昉來，伊未婚夫孫振東求為益世通詢社譯電。余得毛振翔二月十二書，覆書不允伊之先得兼職以為婚事借貸之償還，可靠收入之謀不遂，而臥房分配與調得與母氏在一起居住，現時頗有可能，遲則或有障礙。余主三月中結婚，余允贈以千元，伊之先人為黃允之堂弟，余與允之交好所以助之也，伊母為錢十嚴之女名錢馨斯，孀居食貧，余亦敬之。飯時略進湯食，再到中華書局食鹹肉豆腐湯，允明年一月三、四兩日宴客，四日為陰曆十一月十九日，陰陽曆生日距離至近，可以省得多吃。何子星送余歸，余閱劉向新序三、四兩卷、英文數段。出，街逢錢十嚴、黃曰昉來寓小坐，余再走西門町衡陽路，入中美藥房語安徽方君孫鐵人協款可以無需。自北門擠九路，不得上，坐三輪車至第一劇場。入錦姪處，父子皆睡，錦姪昨又跌傷腿皮，余食飯畢，父子皆醒皆尿。文耀云神經衰弱起自瀏浦，其時成豐已上柵板，知其無前途，常疑數字有誤，多加覆核，及為唐有壬緝電報亦怕有誤。其時尚知與龔子揚出游，

身體尚吃得住，今地位較高負責益重，遂致因工作過勞而病，疑慮更重，思想欲罷不能，觸處引伸而無法拋棄。陋室貧民窟初以為無礙者，今頗受不住，然尋得房須搬家，搬家之煩與此處釘一房間其煩神相等。前日曾到寧廬，歸而感嘆得失相等，今安能得一靜房而獨住。錦帆白日來為照料，其房有綠陰則精神較適。又曰汪抱玄之弟仲篪似以磨擦神經得愈，舅為便中詢之。又曰本擬再試高等考試，成惕軒云重慶之分數在台灣計算早已售矣，余聽其上進不知止之自述而惜之，更為錦姪問之也。

## 2月21日　晴

　　天氣回暖，幾如春仲，余昨日將皮衣上箱正是得計。八時到立法院，財政委員會選潘士浩為召集人，孟廣厚為程序委員，財委會召集人活動者夏濤聲、羅霞天、崔唯吾、于錫來，連潘為五人，會場秩序不佳，余高聲呼人名，請來領票。十時至黨部，在紀律委員會召集各處組會同志，商月報及年度報告之處理辦法。十一時半散會，余歸，進飯一盂，今日改造評議委員在寧園飯四桌，何敬之、錢公來、張岳軍先到，余略應接，即到公園中國之友應何惠民夫人西餐，楊幼烱、徐漢豪夫婦及陳次仲，樓廊傍樹，窗帘精雅。此深處新擴一廊，坐尤邃亮適意，菜以氣斯蒸蝦為美，水果有蘋果、梨，頗象法國出品。二時歸，樓下葉公超報告及張岳軍慢吞吞發言，中日和約正待研究也。余讀劉向新序五、六兩卷，並閱姜宸英湛園未定稿，言孔子時夫子雅言詩書，執禮而曰吾志在春秋，學易可無大過，當時未有以經名者，甚為有見。閱畢出散步，欲觀羅馬屠城記影片，艱於得票，歸途購柑十元半簍，回坐圓路車，遇王局長啟光。至雷孝實家，孝實已自虎尾、高雄返，同食燻肉，商詩句，飯後客來，余乃步回。影戲

客滿，狄璉同淮安狄□□來坐譚，其人曰山陽有數十百家，貴州黃平舊城所謂興隆衛一支，分自山陽者得其本矣，惜其人不明上世何所自來。

## 2月22日　雨

晨院會討論出版法，余托楊一峯君代發表發行人以一個為限，且須住於國內。十時余到中改參加出版委員會，晤蕭自誠、崔書琴、何子星，因辦事人發錯通知，王雲和等不之知，流會。歸院，於休息時同黃振華、丑輝瑛入掬水軒食鍋麵，頗鮮。十一時三刻返寓，飯後臥，再赴院會聽各人發言至四時半。入影戲館觀跳舞電影，有小明星頗趣。六時半始散，與丑輝瑛別，攜中央日報財產目錄及十二月總結帳至王豐穀處飯，飯後赴居夫人處，商居先生遺稿分編人名，再至鍾祺家打麻將四圈，街車未絕而寓門已扃，呼老伯開門。朱鍾祺語我梁慧義已往晤楊南村，來信已得虎尾龍巖糖廠副產工場文書就，謝余殷注。

## 2月23日　雨

晨候菊畦來，即到紀律委員會開會。十一時半散會歸，李君佩先生有意以彭廚菜在寧園宴客。飯後略臥，到中改宋晞處為寫書簽。三時羅志希、陶希聖、許師慎商居先生遺稿如何徵集，以四月為截止期，台北由膺總收稿。公暇余入祕書長室，與陳天歐、張迺藩譚江蘇省政府時朱錫百、錢慈嚴先生事。歸，至孫秀武寓，同出至上海食品商店購芥末，路上購柑、沙丁魚醋，飯時有華專門委員，菜以大蔥豆腐湯、黃魚、鮮臍為美。飯後說笑一回，又至中華書局說笑一回，何子星以車送余返寓。禮堂有京戲，余以昨未好睡不往。凌同甫來約明日下午二時武昌街二段座

譚會，余在中華約嘉猷夫人觀戰。今午復楊南村虎尾信。

## 2月24日　晴

前晚祇於天將破曉時入睡，昨晚得兩慁，欠睡之債悉除。晨起知昨晚春秋配生、旦、丑、老旦珠聯璧合，極為難得，余放棄可惜，然而安得兼享之耶。早粥後至俞家晤六姊，知中心診所確有王師揆一、三、五上午診神經外症，有治內症者名陳玉麟，已赴美任院長，月薪美金七百元，又講周佩箴腹內積血，醫生云已絕望。余出至耀甥處，告伊可往王師揆處診視，伊講向汪寶瑄問汪慕箎，其父為汪二老爹，住大伊山，慕箎神經衰弱經摩擦得愈，今日耀甥講話有力而明白。在甥處得顧福田二月十五日香港信，伊去冬因商務關係赴南洋，在暹羅、馬來亞一帶逗留兩個月，一月底始返。平初之婿執教於高橋中學，平初遷高橋同住，二、三兩姊均在湘，岳母在湘，昂人先生在上海，伊最近將返上海邀晴初南下。附來紫薇姪女致錦帆十二月十七日書，述余二弟無事，又添一女孩。邁櫻在成都鐵路局學校學習，去年又生一女孩，寄養在重慶，每月十二萬元，他學習生活頗愉快。李逢生正在勞動改造，劍華已故世，二哥哥在皖北參加土地改革，大媽媽在南京，其母已病故。六弟弟已在棉織中學讀書，是校遷沙溪，上海物價平穩，去年豐收，治淮已有成績，水旱災荒可希消滅。王清之正在繼續工作，鐵路及其他生產均有進步，奐哥取錢甚麻煩，以後少寄。余今日始得堂兄劍華逝世確訊，照來書所云當非橫死。劍華名福豐，為伯父獨子，自幼習業太倉李永茂，後改入上海洋涇派某錢莊，余肄業龍門師範時，哥因不慣上海生活，曾到會客室哭泣。嗣曾為鄉長、縣議員，熱心於事，而不免為群小所弄，理鄉間事亦不免受些謝禮，余常規之愛食雅片，余嘗流涕

勸之。日本人初到，曾勉強一度為偽區長，勝利後辦璜涇中學兄
亦出力。其一生行事尚氣好勝，二十六年遣嫁姪女原漪備酒五百
桌為最盛時期，居伯父喪亦奢儉得中。自淪陷前居上海，與瀚姪
不和，瀚姪至不爭氣，女霞又倚婿至臨淮不能在側，死於上海，
想極慘苦，余亦悲焉。午前溧陽韋毅來邀宴，另一主人為蔣偉
之，公理報經理，溧陽同鄉到者黃希周、葛惠卿、王平陵、芮逸
夫、楊古白、陳保生、芮晉、尤介貞、蔣生雅、呂一塵、陳重
興、程致遠、王辛寶，團團一桌坐十六人。韋毅妻陳氏，舊為寶
隆醫院看護長，今日燒溧陽菜：（一）肉圓元寶、（二）紮肝
腸、（三）豆腐夾肉，其他雞、魚、鴨皆燒得可以。二時至凌同
甫家，洗牌上桌打四將，余勝，十時乃返，至半夜始得入睡。

## 2月25日　晴

晨赴中央黨部紀念周，蕭青萍（錚）報告赴美參加國際土地
租佃會議，引余注意者為美人反對集體農場，謂農人必需有自由
意旨經濟獨立，美國普通農人又種地以中國畝計六百畝至九百畝
者，中國農人得地太少，外人目為不能生活。九時半散會，至圓
山再參加紀念周，總裁方自高雄返，讀軍事演習後之指示凡六十
頁，訓黨務考核亦應如國防部軍事考核。十二時返寓，飯後同邵
介垈至伍中、泰康兩家購火腿六塊至中華書局分之，實姚志崇所
輸之款。又至凌同甫家送火腿，邱紹先為余及凌夫人杜鵑花前攝
影。回寓睡，睡起再致顧福田書，耀甥為伊母贍養費，託福田與
畫三說。錦姪抱明孫來告余，亦以所聞於陶希聖之神經衰弱療法
告耀甥，希聖曰神經衰弱病者尚宜自知治療，生活方式求其合
理，針治經常為微他命 B、C、霍爾蒙、震奮劑與勃魯姆鎮靜劑
相間注射，頗覺收效，但醫師如朱仰高不贊成此法。五時祝毓來

商案。六時全鄭家，澈愁台省人事處謂證件欠缺，明準備婚事，飯後同伊走至寧樓對統一發票得獎號碼，未一刻鐘即歸。陸再雲陪鄭味經十普寺聽楞嚴經，味經怕遷基隆，希望有一職務在台北，明亦希望母氏在台北，可免吃包飯。鄭怡尚幼，不知贍家，態度對人亦板板，味經願自己得工作亦頗切。

## 2 月 26 日　晴，下午風

　　晨周月娟來訪，談及伊老父在太倉不通消息，雙淚長垂。伊夫李慶鶴松江人，為法官之有成績者，林佛性頗器重之，可升庭長。既而曹佩衡率梁宗一來，飯後洪亦淵率汪芳淦來，皆囑致書顧儉德謀物資局事。今日報上發表顧儉德為物資局副局長，顧與局長嘉定張仁滔交大及美國皆同學。入立法院，為國大代表祕書處請亦給國大代表之出國者以公務護照，余發言謂應請向行政院商。院會又商出版法，今日黃國書病，眾推苗啟平代理。余於十一時回，過中華路書攤購徐霞客游記，缺卷五上下，又購得二十年前之英文字典一本，中國國徽為五色旗，印刷清楚。歸寓，凌英貞在客座，語我彭利仁治喪結束，余推余及束雲章、陸京士、喬一凡、凌英貞、袁其炯、陳鐵夫研商子女教養基金籌募。彭氏為恩撫者，不甚聰明，彭夫人尚年輕，利人治命可改嫁，籌議進退頗有考慮，若為孀婦做得太周，使其不好意思再適人，余所不贊成，但喬一凡頗持古義，亦應尊重其意見。飯時煮火腿過久，味不見佳，秦啟文亦未來。飯後款洪、汪以茶酒，寫居先生贊主詞曰：

中華革命，壇珍楚寶，功懋開國，德躋壽考；
導法通釋，歸本於儒，神依栗主，孝嗣世模。

走中央黨部請佛士閱定後寄居夫人。今日中央日報載出徵集居先生遺稿廣告，余與凌廣興商洽，又至虞克裕為鄭明喜事商借汽車。余與胡希汾走至農民銀行，與何魯存商議陳果夫年譜加時代背境同時有關人物，減家庭事情，何魯存擬將清稿交余再校閱一過。翁之鏞有調整省區方案評論，主以舊府治同風一俗者，稱省為區，畜牧地以郡為區，省郡之上更併省郡為經濟區域稱道，道以創造國民所得平均區域財富為主要目的，統御經濟行政，配合財政預算制度，全國經濟性之預算應由中央督率，各道統籌編製。其論明代兩省間之定境畫界以軍事統治為主，不惜違背地理條件，而於人文自然條件罕所考慮，例如黃河下游芒碭大澤分裂三省，南京外圍分隸安徽，殺龍蟠虎踞之勢，皆有可議。又論省權之偏重乃自洪楊之後，民國開國若廢省存府，則學校及地方建設、經濟設施或不至如是偏枯不均，其為禍患亦可減少。又云縣為自治單位，如確欲充實縣則須裁制省，無論財用與財權皆宜下移，省成有權而組織甚小之虛一級。虛省實縣之後，則原有財源省得 30%、縣為 40%，其餘三十專充貧瘠縣分之補助。余於鄭家挑燈讀之，覺其頗有見地。夜飯後即歸寓。

## 2月27日　晴

晨六時得電話，周佩箴於五時三十分逝世於杭州南路 111 巷三十六號，余即往，瘦容色黃，目未盡閉，丁龍云膽汁散於血管中，姚琮、何鍵夫人、陳惠夫、趙志堯、周召棠、郭寄嶠、吳忠信俱至，商治喪事。余回寓，入立法院財政委員會參加例會。出，至中本，電話徐松清為鄭明講特級青酒。遇徐道鄰拉入南國早點，伊謂中國舊詩、詞、曲三十年後必廢，余謂如文字不易，語言仍舊，則不能外於舊時唱法。伊推崇陳寅恪、錢鍾書均能明

外國文學，所以能抉中國文學之要處，錢著談藝錄頗似名醫論病，一說即合。伊又謂知文學而不知哲學，知哲學而不明科學，毫無是處。余謂徐君未免說得太難，文學作品半由天籟歌曲之成，有出於學術以外者，如令人望而生畏，非計之得。余正記此，鍾伯毅攜詩來賞，其題林烈敷新疆紀行者二首有雋句。鍾老近閱報謂日本學人請增用漢字，謂漢字字體中即有人格修養在內。余送鍾老至另路車，即至交通銀行參與治喪委員會，人頭濟濟，無一弗來。竊意吾國輕視活人真實之痛苦而慎辦死者無益之虛文，治喪會請人包舉權勢，羅列交情，以極重要之人辦費時間之事，雖重死人，頗覺過分。樓桐蓀釋之云，生時不能助者，恐其無限制，死時講交情者，因其一次過。散會，余拉桐蓀到寧廬閱稿，余晨間輓周佩箴云：

君是至誠人，於窮乏蹭蹬時貢獻老謀，滿望今年歸去也；
誰為理財手，自祕密拮据中誕育民國，莫云往事了無痕。

樓去，凌廣興來商居先生徵稿事。余至錦姪處飯，耀甥今日已請王師揆診，云無甚病，宜看戲、訪友、出游以調節思想，耀不能從也。耀求有清淨室休養，余無法覓得，耀送余二路車，有說不盡之意。余自二路轉三，告豐谷星五不能往，聽碧子母在日治時期因販雞被笞，笞背及臀，兩人托面盆逾頂，盆水撲面。出至顧家，儉德不在，此數日極忙，桂伯云神經衰弱症過忙則發。出，見麗水街師範學校所圈地圍牆已成，去年在院中壁報知地已徵收，今已砌牆，驚其神速。正行走間，聽王導之夫人與導之喁喁路語，夫人小產已三星期，因年節過忙所致。余搭三路歸寓，浴後入睡。

## 2月28日　晴

　　晨至武昌路黨部參加二十八小組組長選舉，舉儲家昌，張貞、文犖、姬奠川及余成為四皓，區分部小組舊為廿九，今為廿八。黨部同志引余參觀所擴新屋及園庭。出，至殯儀館勸慰洵端，頌西語我伊今年七十一歲，柏年如在世則為七十三歲，伊死於二十二年。頌西胞兄弟五人今祇賸最長及最幼，佩箴孝於親，友於兄弟，惜伊不會作輓聯，不能述此意。余唔陳希曾、朱宗良、朱騮先、俞俊民、周召棠、汪漢滔等。出，至陸京士夫人處索得法國香水 Mais Oui 一小瓶，余譯為「聞聞對」，同陸夫人吃寧波麵餅及粥。十二時歸飯，顏肇省送秦啟文蝦餅。飯後睡，梁慧義來商潘時雨案並貸款，余同慧義入國際戲園觀蒙面海盜，又同之食冰西瓜。散戲見孫仁，云十八日自羅東返，伊夫葉君亦自大成島返，尚獲利，有酒送我。今午有朱雲衢弟朱英來告幫，余無以應。六時至雷家飯，雷子、媳、孫女及李夢彪均在，飯後李老講諡法，送余上圈圈車。歸寓，李向采來，余貢獻方肇岳得就後王培禮另住，肇衡宜低頭為家庭婦女方能得婿，福生則向采負擔之，向采以為然。余又評方覺慧認人不清，認政治亦不清，向采與之聯襟，濟助宜有限度。向采歸車，余至中華書局與姚志崇、孫再壬商星期中午在草山公園野餐，余擬趕往。十時返，邱梁送來凌普家所攝鵑花昂然一幀，坐廊下一幀，廊下余右臂竟成水袖，後當戒也。

　　得孫鐵人（鏡）七十自述詩，云在川東亞光寺之柑泉洞與同歲同事林一厂、湯公介辛巳十月同祝六十，其繼室滿佩秋於是年下世。今林、湯俱亡，丁六皆、孫靖塵仍有贈詩，寄余抄件意在得余和作。

　　去年六月十二日居先生覺生至台中留一星期，謂孫鏡生日與

楊滄白相同，同為撰詞寄祝。十一月二十三日居先生卒，孫詩注中述此事。

## 2月29日　晴

晨至立法院門前候老老會中人到，久之得祁志厚，將信稿交與。余即至中改參加出版委員會，余主今年要出版一個樣子，準備紙及講定某書由何家出版及津貼計算法。散會，余坐財務委員會車至鄭家及寧園認路，復到立法院小坐，第三章十六條正將表決，吳望伋、夏濤聲再發言時也。回寓飯，飯後史祖鰲來述香港難民最苦者八人合住一木房，房金每月廿元，飯向工廠討得，回屋重煮合吃，尚能守規矩重義氣，余聞而悲之。史君送余至十二路，余入殯儀館參與周佩箴大殮典禮，遇周象賢、王惜寸、嚴靜波、俞鴻鈞、竺鳴濤等百餘人。姚琮所寫治喪委員會祭文長短句不甚合拍，原定余讀，余不願讀，乃請樓桐蓀讀之。余見殯儀館廣告，屍箱知為極薄之棺，余素最怕見者。余同唐國楨坐車至中山堂，余至紅樓，先聽華社開篇，以季炳辰、□□□寶玉訪紫鵑為佳，黃君亦唱一段，共為四檔。仲肇湘講土地、日約及分省三節，頗有簡勁之致。散會同中華書局同人吃餛飩，余至華陰街 99 巷一號訪盧滇生，以血壓高又患氣管炎憚於出門，余與之說笑頗歡，遇松江小姐胡姓者。六時半至忠園老老會，惟彭醇士未到，諸人贊同余致孫哲生信稿，請鄧公玄寫成，於飯後簽字。事畢建侯講明七對、暗七對之內情，桐孫講傅秉常乾朋友、濕朋友之分類，大笑一回乃散。余至秀武處，託明日向吳則中薦方肇岳，回寓，肇岳久待余不至已回。午間孫仁來，送大成所得陳年老酒兩瓶。

## 3月1日　晨陰後晴

　　今日為總統復行視事滿二周年，方肇岳、王培禮來晤，同肇岳走重慶南路，見紮扮卡車備游行者數十輛。入立法院取錢換印鑑卡，入中本取利，方知利錢算至十二月三日，應以三日往取。同立法院同晚某君擬入總統府前觀熱鬧，無徽章不得入。過中華日報，連震東喚余上樓，伊有徽亦擠不進去。在報社晤楊幼炯、葉銘勳、石信嘉及南部版主任□□□，知該報南部版月有贏餘約五萬，臺北月開支約十五萬，形式上可收支適合，但零碎收入不能充薑當支出，故所缺為周轉資金約三十萬元。余與連君譚台灣人應使其政制與內地各省多同些，勿以異為得計，政治設施要比日治時要進步些，勿令民眾懷念日本，與內地人人才交流婚姻媾通要認真，加多國文指導，及風俗習慣之移轉要認真訓練。余並謂今日總統如教台灣人說國語四句，所到之處說此四句，比鑼鼓喧天、神旗招展為得計也。出，至雅江街送喜禮與黃曰昉。歸飯，飯後臥。戴恩沚來約星期一夜到凌普家。三時出游，在伍中遇為梅林罐頭公司推銷員楊介祺。入黃振玉樓，觀公園游人憧憧往來，黃嫂有蛀牙，黃女眼皮有膿開刀，黃家七人收下不殼開支，嫂約暑假借錢，余允之。出，至大陸書店購得綠蒂及莫泊桑選本各一冊，入鄭家，見鄭明別祖不肯穿襪，新房陳設甚麗，與不在國難時期相同，飯時有較佳之青酒。飯後歸鄭州路鐵路禮堂，觀探親演禮、大登殿、龍鳳呈祥（張喜海老旦唱得象腔），遇郭驥、柳克嫂、錢十嚴、桑圭及章鶴年女新鐘，十二時方回，實昨夜之十一時。今日始行夏令時間（稱為日光節約時間），提早一小時，晚上停電原為一刻鐘者，今改為三十分鐘，且每星期中有一日停止日電供給。

## 3月2日　晴

晨起曹佩衡率梁宗一來（耿兆銘同來），宗一希望任物資局視察員，要余同顧儉德說。九時至善導寺，大殿陳設紅桌紅椅，旁室設題主官、襄題休憩座，余以左賓讓洪蘭友，蘭友謙辭。十時為居覺生先生成主，治喪委員何應欽、于右任、吳忠信、何成濬、賈敬德皆來觀禮，用台灣樂人吳□齋為題主官，於朱墨筆後發之後加右賓呼請貫左聰，左賓贊聰德唯聰，及請貫右聰，神聰和平，請通天前有千古，請達地後有萬年，請繁後嗣垂裕後昆等語，居長孫接筆。禮中不合處：（一）木主無座不能卓主；（二）第二次傳筆傳了舊筆，後余為改正；（三）贊禮人贊孝子接主，詣安主所，安主太促；（四）謝大賓、介賓即於安主。所行之不合程序，于先生評為禮不嫻習，甚當，但觀者已歎為鄭重少見矣。居夫人、叔寧等俱到寺，于先生約余到伊寓，問余侯佩尹何人，蓋已觀暢流侯撰我的學詞經過，余略述里大成立經過。于先生又云王培孫先生校印蒼雪南來堂集凡三冊甚好，余見過否，余舉雲南叢書本，並告文介石事。于先生又舉汪淵（詩圃）及妻程淑（繡橋）集舊詞句為詞，小令、長調均有之，名曰麝塵蓮寸集，有住居上海路二段一號蕭繼宗（幹侯）擬為印行。客座有劉安祺、李國輝（在緬軍）、郎靜山、戴愧生、朱宗良等，靜山為各人照相並照一合影。靜山新自日本歸，云日本學校教職員學生多傾左，尤以華僑學校為共黨所霸持，不易插足，頗為可慮。又講日本茶道之細習，兩年得一文憑，積數文憑方算成功。伊曾游京都三宮，園樹古茂，日人特別保存，洗培甚謹，冬日於橋身束草枝，蟲下集草間，至春除之，不傷根鬚。飯時于先生出大陸酒及白蘭地請余，先生頻舉盃勸飲，興致甚佳，其幼子亦飲兩盃。飯後余等逸去，於路上見居叔寧。余至台糖公司崑曲同期，為時

尚早，雷孝實用車送余歸臥。胡希汾同一懂得變態性理的人來坐，留酒。睡醒同錢中岳赴同期，余隨人高聲唱曲，並吻徐穗蘭手，徐面紅至頸，余已醉酗矣。四時半為林在明與鄭明在會賓樓，余為證婚，勗男女均應注意家庭間事，其事並不漂亮，開席坐至敬酒後始離。至俞良濟家粥及餃子，同良濟、朱佩華打牌，余仍醉態，打錯牌四、五次，余負，良濟出六筒沖一莊家包子。十二時歸，今日送中華書局集團，期於草山公園野餐觀櫻，因于先生招談招飲，不忍拂辭，未往。

## 3 月 3 日　晴

　　晨赴聯合紀念周，林彬報告司法設施，詞嫌瑣瑣。散會時遇黃麟書，伊新自香港回台。余歸招王介民來領款，即以朱鍾祺所開支票抵一部分。飯後，侯佩尹來交伊朱利，余試問佩尹借余幣共若干，伊答數不誤，非如其他文人不辨數字。下午三時討論遺產稅法修整案，至四時五十分乃散。在舊書店得世界書局孔學三種，孔子家語、洙泗考信錄之外有梁皇侃論語義疏，侃采魏末何宴所集說（何因魯論集季長等七家，又採古論孔注，又自下己意），又採江熙所集晉十三家於何集無好者引取為說。余歸寓閱之，比朱注為廣，頗欣。六時至耀甥處，今日明孫周歲治麵，余抱之三次，已能立直，尚不能言語。回寓，戴恩沘因停電坐於黑樓，引伊至凌同甫家，遇吳祥麟夫婦、蘇馭羣等，說笑一回，乃入台灣戲園觀寶島探奇（七洋寶藏）影片。回寓浴，得紫薇姪女二月二十二日信，一致孟尚錦說上海工廠加緊生產，市政建設有長足進步，以後文耀及瞿之信款都不要寄來這裡，無此必要。又致錦帆云二伯伯精神尚好，邁櫻在四川進了技術學校很有進步，施家家用不成問題，款與信不要寄來，奐與此間皆不轉的。

此信內容與十二月所寫者同，而重複說不要寄件，上海查詢嚴厲可想。

## 3月4日　晴

晨錢馨斯來謝送禮，朱佩蘭來講立法院經濟委員會減了燃料費一千元，各宿舍不靉，有向之質問者。余入立法院聽龐松舟、嚴家淦四十一年度總預算追加說明。出，隨梅心如蓉村小坐，遇黃仲翔，吃牛肉麵一碗，味及材料均合，方知三六九等江蘇店之貴也。心如譚開館店之要在管理，廚房、茶房、帳房最要躬親苛細，伊在香港開一館，伊夫人及子管理，每一館數十人資以為食，贏利不可必，資生則無問題。回寓，錦帆抱明孫來，坐地給以胡桃麻片，不知送入口中，僅以手弄散。錦姪來商七日房東喜事，擬來避靜。返後臥，臥起侯佩尹、黎子通、洪亦淵、汪芳淦、王豐穀皆來。汪求為物資局視察，洪奉張伯雍命，約九日中午頂溪徐宅同飯。黎送來綴英代書之家信，云去年兩次寄款皆收到，許鍾權做事極仔細。余託子通回信，云上海二月廿二日紫薇書接到，以不克寄款，囑綴英就地取財。飯後劉象山引孔德成來，孔贊美茶好。余至大世界購巴黎金粉電影票，□□□君購票贈我，余因隨君至勞工同盟小坐。即至鄭明家，明扁桃腺發，前晚不眠有寒熱，今日為鄭明生日，余亦未備禮物。法國電影，法語法歌，英文字幕，中文旁注，述購封舞院事，至六時始散。余尋信義路一段十七巷十六號，十七巷不在十五巷、廿一巷之間，而在東門町一段。余遇孔達生，同入陳其橋君，與周湘喬四人同飲山東老酒，色黑味苦，須燉開後吃，三人盡六瓶。余於歸途尋沈善琪，琪送余至中央黨部前，得車歸寓，吳瑞生來視余，余已入醉態。

# 3 月 5 日　晴，夜雨

　　晨秦啟文上樓問余昨夜醉中哭泣，今日何若，余答不知有哭泣事。余孤寄在外，姊氏病歿，諸弟淪陷，親友受罪，邇來日漸緊張，不知伊於何底，哭之者情也。赴立法院商合作社免營業稅及所得稅事，財政部允免，謂試行三年為期，余語羅霞天謂依部議亦可。時會場祇到五人，距離六十餘人法定數尚遠，余乃至中央黨部先與祝毓商案。雷震兼設計委員，久不到會，最近雷擬到會問可到會否，張其昀問余紀律會可呈明總裁雷震事可不置議否，余答亦似有未便。張昨商王雪艇，雪艇云多一事不如少一事，不如勸雷勿來。十時中國童子軍廿六屆童子軍節向中國國民黨致敬，先在禮堂致敬，繼在圖書館吃茶與包子。朱重民先生年六十六，為老童子軍，謂抗戰時上海童子軍服務成績第一，今台灣童子軍將於反攻時一顯身手，啟程有日，余願率領。十一時返，在大陸書局購得康熙字典一冊、銅版四書五經三冊中之一冊詩經及禮記，余到一處集工具書一次，在台用書近亦差可對付。回寓知朱鍾祺、姚志崇均曾來覓余，陸望之來囑為龔兆餘釘碗致書顧儉德，梁慧義來囑注意潘時雨案。狄君毅來，為擬與廖華訂婚而廖之義父瑾瑜有阻格意。諸人去後，余至法院訪史延程，未晤見。余至強恕中學請鮑君覆謝楊管北，並商大陸救濟總會如何籌款寄還管北所墊港紙七百餘元。余參觀強恕圖書室，室新造成，其旁又有涸出之低地一方可以造屋，余等行堤上，謂髒水塘又可填平一半，既而參觀校長室、會客室、教員室、訓導室及寄腳踏車棚。余自棚走鐵路一段，繞廈門街而至 99 巷之三十五號，係船員俱樂部房，即前李友邦房也。友邦曾於是房宴余，今修葺一新，玻璃風窗以毛玻璃為格擋，廊外藤棚有木製平壇，花園鵑花盛開，客室兩間後有臥房兩間，又有一密室可以打牌，其

中有三寸伸之短臂椅，設計頗新。客室有細腳桌，一如熨衣桌之
放大者，亦趣。客為朱騮先、張道藩、陳雪屏、谷正綱、郭澄、
郭驥、陳漢平、倪文亞，主人周友端及鄧傳楷譚王子弦應給工
作，周頌西、汪漢滔應給年老黨員救濟金，因張民權、王鳳岡、
馬乘風之被捕應提高警覺等。文亞以吉卜車送余返寓，謂國民黨
平時忠恕之至，到緊要關頭王赫斯怒則一發而不可遏，此乃均以
國家為前提，若平時顯弄個人權勢而緊要關頭無可睹者，此人非
國民黨也。倪君頗有意與我細譚，其任台灣省黨部主任委員，接
觸頻繁，觀察較周。余今晚未多飲酒，日間到山西館陪孔達生亦
未飲酒，劉象山宴女友亦在山西館中。

　　船員俱樂部之屋原為總督府總務科長之產，李友邦十二萬售
與俱樂部，修理連家具約八萬，共為二十萬，朱騮先棄而不購即
此屋。

## 3月6日　晴

　　昨晚大雨。晨起至法院得晤史延程，歸途購經書於中華書
局，遇陸孟益、吳亮言，亮言調分局業務主任。歸寓，戴愧生來
訪，飯時略飲酒。飯後至中山堂光復廳統裁招飯，提名張道藩為
院長候選人，飯後又勉勵數句。余歸略臥，即出席中華文化編輯
出版會，余成諧詩四首：

對坐人兒二十餘，都因隔岸正燒書，
選挑排印今非易，五月以前一本無。


張其的（據各報排誤版）君何處去，埋頭寫作小房間，
倘然新籍編行了，終日徜徉二酉山。

風和日麗印書宜，紙與錢兒在那兒，
教授商人今對半，平分名利莫遲款。

平分名利是虛言，搶救書荒他莫論，
一張紙兒未到手，忽聞紙價長○元。

　　詩寫成後傳與錢穆、董作賓一觀，稿紙送與台灣老先生林熊祥收存。五時半出，同雷孝實女及大姨飯，同吃餛飩。李夢彪來譚鳳酒以城壕沿為長城，固小營亦曾得美酒，既而因汽車拋錨李君先行，修理者將行李搬下並棄酒罈。出門，月色甚佳，余至鄭明處告張梓銘未接喜事請帖。歸寓，錦姪、文耀、明孫在樓，余抱明孫同往三六九麵。遇陳惠夫夫婦，知周佩箴喪費及遺族贍養已擬籌五萬元而審計部不之許，總統曾召陳惠甫問起善後情形，陳告總統在審計不許之前，佩箴真死不逢辰也。耀甥今夜留余處，余至中華書局宿陳嘉猷床，耀之房東陳鏗鐘之子明日結婚，今日親戚已到，耀須得靜室，故來寧樓。

## 3月7日　晴

　　晨陳凌海來，余至立法院簽到後，再至許師慎處候女速記生常州江葵展女士，同往八堵，鍊鐵工廠命余作紀念總理月會演講，余講「各人盡其在我，方能安居大陸」，歷一點半鐘散會。十一時半同副廠長鄔師、郭毅之及□□□、陳凌海同至基隆孝三路天一坊天津館飯，遇張振同，北方菜尚可，先曾至某俱樂部不應市，次上上海樓，女侍售貴菜每碟四十元，余不願，乃改至天一坊。飯後即回寧樓，中央日報社監察人會，歷一小時，余曾問及三次排印重要錯誤，並謂董事會不能以決議建議推任董事。散

會後祝毓來商案，余到立法院小坐，聽東北人要求開戰應提 918 為始。五時至居夫人處，夫人以居夫人以居先生著作放在小箱，並已抄成一冊筆記，尚待校對。六時至雲和街，同豐穀及鮑、朱兩太太打三將，事前作輸贏一笑錦囊致在桌布之下，結果減半計算。余睡王豐穀床甚適，張君煮貢干燒肉、莧菜魚羹皆美。

## 3月8日　晴

晨起同舒、張、朱譚瑣事：（一）徐篤行起八百元十會，以單刀會為宜；（二）維他可樂之如皋季君現繫警務處，劉哲、楊寶儉皆有存款，季皆記美鈔金兩，記帳不懷好意；（三）王沿津與寶山孫縣長有經濟往來，孫到台北借王兩千元，邀施作中，今王向孫索款，邀施賠墊，極不合理。九時走南昌路遇冷欣，告以楊管北所墊港紙擬向丁似庵撥款，託大陸救災總會匯還，伊謂亦可。余乘一路車過總統府及車站前，見工廠女工制物甚整。歸寓知耀甥在樓，昨夜睡得尚佳，伊云防止神經衰弱：（一）工作勿忙碌；（二）須尋快樂以養腦筋；（三）去心上憂勞；（四）認真治療；（五）多進維他命 B、C，亦可在青菜水果內取得。朱育參來講正覓屋擬婚，與耀譚多時。飯時余樓下食，另送兩菜一湯與錦姪，耀以手支額良久然後食，食三淺碗，第三碗以手持碗呆住不食。余午睡後同徐向行坐草地，同入大世界閱英兵殺黑人祭司，又在美多利對面尋人不獲。余乘十二路至李向采處，同伊坐車到雙城街孫發家觀秀武。入局得美軍用語辭典一冊，歸途在廣東青年處食包子各一枚，又購得葡萄柚二，在洗衣店購得集大莊紅毫筆四，在向采家飯時遇李薇盟（名燾）、黃樾蓀。飯後余至中華書局同姚志崇赴杭州南路孫伯顏家，同伯顏嫂、凌同甫夫婦及陳嘉猷夫人打牌六圈，姚志崇及余各輸五十元。返局睡陳嘉

猷床，今晚以絨毯作墊，稍減床板硬度，在枕上閱完說書小志。志崇曾語我陳霆銳與中華書局事，局中將開董事會。張道藩來訪未晤，留一條曰特來聆教。

## 3月9日　晴

晨歸寓寫日記，耀甥頗得安睡，余回房伊未醒。錢中岳來，同進稀飯，上車站，分乘三路、五路汽車。至頂溪徐復人家，門口插有歡迎狄伯伯紙旗，徐家人已準備游圓通寺，既而洪、楊兩家人來，候於車站，尚差四十分鐘方有汽車。余見張道藩拜客，車中有胡濤、商文立為引贊，余拉楊、徐二夫人各攜一孩上張車。至中和鄉，細雨濛濛，得三輪車二，乘至山腳。二夫人一肥一瘦，上山並無經驗，遇陡滑處余掖之上下。寺中新房牆石已堆成，余曾休處已蓋瓦，余等巡行一周即得三輪車回鄉。余入仲翔家晤嫂嫂，正抹牌，其對屋已修理隔就，黃家女傭新喪夫，頗為憔悴。出，乘將開行之公共汽車，經南勢角而回頂溪，在張伯雍房與楊寶乾對酒，有拌蓬蒿、獨腳蟹、花生米下高粱酒。一時飯，有徐君炒薺菜羹，極鮮。飯後臥，同洪西恩訪汪泡玄，抱玄與其夫人攜狗往游草山。余等歸徐宅，候牌不至，乃回台北站，改乘陽明山車至陽明園，葉君端若留茶。走入公園，路上與余握手叫應者凡三十人，入園門，游人可稱已散，鵑花盛散，早櫻已長嫩葉，但仍有盛開者，遇人為余等攝影。余等入流水處登浴室，余提薛科長，管理員□君開汽水管池，海門范姓留余等浴，出門時紅日傾山，人影已寂。七時至陽明園，葉君留飯。飯後搭公共汽車，其初本云有票者必有座，余等在排尾。執事者先以無車在後騙余等上車站立，既而余等發現有局員先上車佔坐，余等令伊讓坐，伊下車後又誚余，謂我下車來汝仍未有坐處。既開

車，則余車之後緊隨一車，到站後而後車祇有七人，局員佔其
三，是故意使搭客站而歸，而局中人坐空車歸也。到台北站後，
余等在站長室向局員三人理論一小時，經三人各認差始散。到三
路車，汪芳淦購香焦潤余渴，余高聲一陣，舌本覺苦，必是膽汁
溢出，自後宜以動肝火為戒。入雲和街代王豐穀打數牌，睡豐穀
床。徐銘為余量血壓正常，自 120 至 160。

## 3月10日　晴

　　晨同梅仲仙譚上海坤範女子教員俞君死刑緩刑二年，此人之
子復告發祖母藏有黃金，祖母遭清算，而該良心發現，亦撞電車
自殺。余昨聞洪亦淵云衛序初、張仰之、朱敬之與不知名者三人
去年底均為共產黨槍斃，聞之不勝悲傷。自雲和街歸黨部，聽沈
昌煥講法國總支部及□梅驛及道德實做運動對抗共黨之有力。散
會同昌煥至中心診所問陶希聖傷斷右足，值伊方照 X 光，留片
而出。昌煥送余歸寓，姚志崇來取去戶籍謄本及身分證，將為余
登記中華書局股東。戴郛及戴登來，謝仁釗同錢劍秋來，狄文琴
同史清河來。飯後李涵寰（均）、梁慧義先後來，余同梁至鄭家
辭今夜飯。余即至陳嘉猷家，同陳、凌、孫三夫人打牌，入夜
飯，有干絲、燒菜心、百葉捲、紅燒肉，味均佳。十一時半返
寓，耀今日至臺大醫院檢查，歸迪化街臥。閱甥留條，黃筱堂昨
曾招余飯，黃小堂尚未找到房子，耀云我想照小堂力甚難找得
房，若買房子則另一事，搬家費事，我亦不願以病體入新居，仍
留印象，不知對否。耀不樂迪化街房，但亦不願找房之情，紙上
其情已明。今晨張君謂張、舒雲和街一分可讓給余，如是則仍不
易定奪。昨又有劉世達、于小令來訪，余想為劉己達事。余寫完
日記後浴，浴畢鐘鳴十有二下。

## 3月11日　晦雨

　　晨整理中監公帳，九時到立法院，張道藩候於門，十時投票選舉院長，余因原為資格審查委員，代表一選舉單位為監選員，與丑輝瑛為發票，計發一百十張而畢，道藩以三百五十餘票當選。中午十二時余與白上之請中央監察委員會常務委員飯，到王亮疇、張懷九、王化南、姚容軒、邵健工、程天放、劉塵蘇、李永新、劉贊周、魯若蘅，若蘅到而先去，張默君因病、李曼瑰因母喪均未到。余報告管理公款，計數今年六月以前還余墊款，六月至十二月一千○二十元可以派用，毛秉文、劉廉克、孫鏡亞皆急望濟款。二時散會，余略臥，即至立法院選舉經費稽核委員，余舉錢劍秋，在發票前李慶麐主張先報告舊稽核經過，余起發言，主張選舉會勿營他務，萬一報告中發生討論問題便可破壞今日選舉，眾以余言為然。又有人臨時動議改動第三條條文為委員十一人中，每次改選時由原任委員互選三人，留任一次，餘不得連選連任。於選舉前擬改動條文，反對者更多。余投票後即歸，觀明孫爬地取紙捲。出，至凌同甫夫人（伊名吳克婉），伊為盱眙吳棠曾孫女，有產業在南京馬府街，余曾宿之大同旅館即為其家之產。同甫夫人嗣吳棠孫公武，公武原配卒，為戴孝，其人續娶揚州鹽商何氏，另有所歡妓女為外室，夫婦均攜家產外運，公武又遭匪綁架勒贖，其夫人出售馬府街地與女子師範，僅得定洋而未成契，公武自匪窟得歸，悔此約，纏訟未決。何氏歸北平娘家，其兄弟四人逼財，某氏竟自裁，有狀陳法院何者屬吳家何者屬何家，而余嗣父竟不問亦不往取箱，吳家因此中落。同甫夫人十二歲即當家遷上海，有家庭教師二人陪讀陪玩，旋隨嬸歸南京，其本生父吳公望攜至北京讀書，識凌同甫在此時。同甫游美，伊在天津請得護照，返北平強老父允准自上海赴美四年，又

游歐洲半年。原擬自西伯利亞返國，時在民國十九年，俄國道阻未成，來去皆係自費。出訪錢姊，未遇見。在康定路上遇狄文琴，伊為人擔保借款約二萬，今求其人之叔調五千元歸急欠，其人不允，伊急得眼圈都紅。入鄭家飯，明婚事尚空洋兩千元，夜飯時有蘿卜絲、百葉及燉臭豆腐干，飯後並吃蘋果，以果皮泡水。余步行歸，送耀甥上三輪車歸迪化街，明孫近日有進步，而錦姪因處境難頻頻落淚。余在康定路獨自行走，念穎姊不得一祭亦淚落，雨點與淚點同沾衣襟。鄭嫂知之，勸不可如此，骨肉之間悲痛自知，尚有可乎不可乎哉。

鄭震宇與葉溯中為余作一諧聯，有：

君不君，臣不臣，挾策入宮門，一件辒袍朝總統；
文便文，武便武，現身裝丑角，兩行齵齒唱崑腔。

今晨選院長之後，余隨王新衡、程滄波、成舍我入明新咖啡，鄰座有男女兩檔頗活潑，既而胡健中、許紹棣亦來。新衡以車送余覓葡萄柚攤不得，送余回寓，伊云頗喜此柚酸苦皆具。新衡言西安事變及兩次刺汪，伊皆明其原委，暇日願為余說之。

方希孔介紹遠東書店浦家麟同志來，請贊助該書店，贈余馮文堯著怎樣偵查、怎樣審詢、劉光炎著新聞學。前二書不盡為學術之介紹，而陳述恐怖事實，側重體刑，不知何故。

## 3 月 12 日　晦雨，下午天不雨，街路乾

晨因傷風故故遲起，早粥後入立法院討論貨物稅修正條例，在強制執行外，初審諸人擬加「商人依法宣告破產時，前項欠稅應優先清償。」余提破產法立法原意在消滅社會病態，事前可以

和解，破產旨在公攤，決不是官廳多取，況優先乎，主不列，在場多韙余言，李公權移坐來云狄老言然，苗啟平云大會因場合太大，有時同人聽不清，小會發言真是精采。余歸，同劉、秦飲酒，吃小沙丁魚。施振華來，令其到蓉村食牛肉麵，文耀來同飯。戴恩沚來，命其明日赴凌家，伊新自花蓮視察輪船返，水管一隻不通，人謂船底漏。伊見李謨棟次女，謂能持家而美。伊去時乘飛機鑽雲層，頗危。劉孟劬來，求為伊妻王家瑩謀農復會事。三時至立法院討論遺產稅法，余主滿二萬銀元起徵，罰則從輕。五時半回寓觀明孫學步及爬行，六時至王子弦家飯，有豆腐皮、蒸臘肉，王之孫女在幼稚園，能辨別無名指、大拇指，甚趣。七時四十分歸寓，黃筱堂來，周賢仲來候，至上北投台航公司俱樂部，最高兩間原為祕書休息者，內外皆有一池，外池有一牆上有冷水龍頭，但鄰及廁所微臭，內池無牆。俞俊民夫婦洗內池，賢仲夫婦及余洗外池，室中供茶頗美，十一時方回寓。賢仲夫人寧波人，而軟語如蘇州人，工洋裁，手織絨線，到處不輟，嫌姑用度不節而稱賢。仲至孝，愛蓄狗，狗體雄大而雌小，每至難產。在汽車箱往北投途中，云每次伊家一雌難產滾到睡床下，經請獸醫打催生病，每隔三、四小時生一死狗，共生三隻，繼因無雛吃奶又生奶癤，經醫生打針而愈。

　　昨與王新衡覓不到之水果攤今晚得之，購葡萄柚一籃歸。

## 3 月 13 日　晦雨

　　晨粥後略閱經書，深愛崔東壁洙泗考信錄之論斷痛快，又讀聘義。下午略臥，於雨中至雷家待客，孝實病瀉，望之將入陸海空軍醫院開刀青光眼。五時萬國賓、朱華白（茂榛）、於升華來打牌八圈，萬八時半回台中，又拉李夢彪接打八圈，十二時方

散。雨停，余於枕上擬輓郭復（泰祺）聯，郭曾參加擴大會議，又曾輔佐李宗仁，此次外交界中人為之發起公祭，與李福林之由中央改造委員發起公祭哀榮略異也，余聯不一定寫送。

論出使與郭筠仙後先比隆，立義有行著閎偉；
在本黨與居梅川一時俱逝，楚壇寶器惜凋零。

　　又擬輓李福林：

為黨國干城，南方之強，至死不變；
正人民塗炭，大澤以祭，惟仲永懷。

　　侯佩尹來，與商投稿及賀吳先生生日及俟李石曾先生歸台召開留法同學會事。

## 3月14日　晴

　　晨院會，程序委員會擬將討論政府案與委員提案分日列程，政府案二次後委員案一次。余出至中心診所第四病院，知陸望之開刀經過良好，長子、幼女均在病房。余在俞家食麵包二片，有肝醬頗鮮，六姐為余熨除昨夜絲綿袍上所沾洋燭油漬。出，至復興尋王豐穀未遇，告以今晚不往餐。歸寓飯，飯後略臥。至莊家與凌同甫夫婦、邱紹先、吳亮言同打牌，余與陳嘉猷夫婦合夥參與兩桌麻將，兩處皆負。今日莊前鼎太太生日，吃自助餐，比上次為省。十一時散，又款客以稀飯，莊氏夫婦招待賓客極殷勤。余未至莊家之前於中正西路遇錢十嚴丈，同往美而廉吃咖啡，丈云 SW 咖啡民國初年即有之，伊頗愛好。

## 3 月 15 日 晴

晨六時起，往中山北路廿七巷二號，關照戴恩沚今晚往凌同甫家飯，晤見何子星父女，恩沚所住略有庭樹，其隔弄為孫秀武，秀武方在門外漱口。余過中華書局，吳亮言、孫再壬方起身。歸寓，歐陽樊來取所著儒家思想與黨義，李翊民送居覺生先生中華革命軍函電文抄請刪節，余與李君商遺集編印各節，擬先與台中交換資料目錄，再往台中一商。十一時許施文耀來，余為付伊另吃飯十四次，每次五元，伊云已直接與彭廚講好每日兩頓，月一百五十元，每頓五元嫌費。又伊向工人老黃講星期日樓上門勿鎖，又向余說，余謂並不鎖門，又謂精神上如入新房非常不好，其好算計、惜費用、作直接交涉皆過於考慮之現象，近日睡眠雖略佳而生性精細，如是不易改也。下午候楊寶乾夫人不至，戴丹山夫婦來，略飲茶酒。五時至凌同甫家，候戴恩沚、姚志崇及何子星率其女來同飯，飯菜有萵筍葉、炒蠶豆、韭黃炒雞絲、紅燒肘子、紅燒豆腐、火腿雞湯，味皆精美。飯後打麻雀八圈，互捏大牌頗趣，余負。返寓已十二時，浴後得美睡。方余赴凌家時，在洛陽街口遇崔載揚，伊住淡水河沿教育廳編輯所，拉余往取黃尊生檳榔嶼韓江中學來信，寄余鉛印南行詩紀、重履檳城絕句三十首，平仄間押如龔定庵乙亥雜詩，詩並寄劉大悲、侯佩尹，可見伊流離之苦也。

## 3 月 16 日 晴，夜雨

晨黃廉卿來伴余寫字，余至殯儀館拜郭復初喪。郭於武昌起義自西洋歸國，任鄂軍都督府祕書，與領事團商中立，後隨伍廷芳在上海與北方議和，清黨時在上海任特派員，捕共產黨侯紹裘等三百餘人，亦是郭所交涉。二十一年在上海與日人商訂淞滬

協定，使英國九年，與邱吉爾保持密切私交。九國公約在比京開會，郭擊敗英國總代表西門爵士，滇緬公路封閉三個月而重開，亦是郭與邱吉爾交涉的，故國際聲譽遠過國內浮名。郭死，太晤士報發表社論哀悼。余同洪蘭友同車至女子中學，又參與公祭李福林典禮。李於二十八歲時（民國前十二年）為搶救順德李勝（其人係福林同族，兼有世誼），入廣州米市街協領衙門，並在庫房搶得銀元寶八萬。元寶每錠十兩，烙與「歸善」、「博羅」等字樣，給一部李勝往南洋，福林自取一份，另有部分給同夥楊廣等。楊廣到吉隆坡開發荒地，荒城上無數野榕樹，成了榕園主人，成家立業。清廷名捕福林，遂使大塘李族與政府作死對頭，在珠江三角洲組忠義軍。辛亥革命在胡毅生部任都督府警衛軍營長，嗣驅逐龍濟光，民九驅逐桂軍。大元帥府成立，任軍長出師桂林北伐，十一年討陳炯明，十三年平陳廉伯，十四年楊劉之役保護元帥府。十六年黃琪翔、葉劍英策動共黨在廣州叛變，李氏堅守河南，後更首先渡江，戡平赤禍。余行禮後遇齊世英，譚李中襄主觀強而喜發表意見，不適宜任立法院祕書長，伊云立侯有時喜歡賣弄才情。伊語我張默君之子死後涉訟，現將起訴，伊擬同余謁于院長消弭此事，余未同往。余入南國食雞絲麵，出遇張壽賢夫人，怪余薦沈善琪於交通處。余入黃筱堂家閒談，歸寓飯，飯後臥。入兄弟理髮店飛髮，搭零路車自省政府下，走錢江街至社會服務處聽崑曲，拆書、罵曹及斷橋。今日無錫鄒、儲兩家結婚，新娘為儲福興妹，同期早散。余同俞良濟走至其家，同伊夫婦及徐炎之夫婦、朱佩華打牌三將，余僅負七十元，三家分晉。飯時有白蘭地，余飲一盃，飯菜有緦皮雞、鴨油干絲拌粉皮、雞湯、青菜，皆可口。十二時雨中歸寓。

## 3 月 17 日　晨雨，下午路乾

晨起寫零星事，安排各人所託，即到中央黨部，羅時實紀念
周報告將了，余未入禮堂。同郭澄至圓山聽總裁各項檢討，先講
某軍車坐不如式、車門外站人。繼講國民需要常識，先講某富家
子說「米在樹上生」笑語，次講掛國旗多不合式，應以電影作通
俗教育之輔助。車載汽車、牛車皆逾重，警察應干涉，凡新生活
運動條款警察均應注意。次陸軍軍官學生招考，文學校祇有 500
餘人來考，此乃祇有廣告而不與人聯絡，缺少宣傳選擇處，今之
世無聯絡便不能生活在世上。次講常講而未做到的話：（甲）簡
化法令規章及公文程序並無報告；（乙）軍法與司法關係及範圍
在一個月內弄好，對共匪及走私應軍法，其他屬司法；（丙）戶
政應由警察管理；（丁）都市土地改革、房屋使用應有管理，佔
大房者應使減少以救濟房荒，高雄、台南炸痕未掃，省市政府應
令建築者建築，不建築者歸公，三個月辦完。次講現在應做二
事：（甲）衛生清潔運動應有準備，舊士林稻田旁雞籠、豬欄均
在路上。又講一班游民及無職業者不能利用，應強制勞動。又講
保薦人才及限田、戰士授田各節。余借曾虛白自來水筆作筆錄，
虛白借余筆錄，回去教人抄一份還我。

散會，因停車場泥濘，郭車救濟連震車，經推挽而起駛。余
歸中山堂堡壘廳聽戶稅徵收條例，潘士浩、崔唯吾、劉明朝等發
言，戶稅合理與否尚待從長討論。十貳時半歸寓飯，飯後得熟
睡，睡起往監察院晤祕書長楊亮功，意在商居先生三月二日成
主，家屬費洋約一千元可否還了家屬。亮功云監察院公款祇存
九十五元已歷數日，院經費稽核委員看守，公款一切不易開支，
三月二日略有購物，零帳均作別項開支，點主費實無法籌出。
余上亮功車，其夫人及患牙痛之女正將入醫院治療，余謂亮功

九十五元併住四日，虧兄並將住，楊夫人插曰吾夫真能併住，足見亮功家用亦極艱挺也。余乃鄭家，同味經走康定路。天雨，諸衣攤均停業，亦同味經譚葉端若陽明館，謂房東女大亨某為東北□□□之小姨（原友郭懺），房月租米十擔，押租新台幣三千元，館營業星期一至五日可四百元，星期六可八百元，星期日最高曾為二千五百元，毛利為十分之四，房東得淨利四分之二。房東得利較巨而葉君費力殊多，現定星期三、四休息。又談葉君初來時，與曾任中國銀行科長而張公權有關係之錢□□合夥租辦與法院有關之印刷所，錢以關係，葉出財力。錢始借關係，借進人每人進所，則託為所中押框，而作一借貸入己囊，所中較大之收項則伊去收取或託言代存，而代存之處並未收款，因之與錢散夥，錢運動法院勿繼續允租，葉君乃另組印刷所專印彩色。日本機器初值七萬元，現已值十餘萬，工人亦從葉君，主顧則愛葉君便宜，葉君於星期日調工人上山佐館中事。人家以無理欺葉，而葉以耐苦得善償，此真有奮鬥精神也。鄭明處得新娘相一、小姐相一及上海相一，上海相病後在公園攝，最為活潑。余歸，同錦姪調明孫。九時陳嘉猷、凌同普、孫伯顏三對夫婦攜孫□□來，孫倒持法帖作讀書狀，至趣。伯顏夫人約星期三飯。

王新衡送來美國小文旦八隻，分與錦姪、凌、陳、孫各一隻。

## 3月18日　晴

晨院會，張道藩新就任辭頗謙抑，提李中襄為祕書長，郭驥為副祕書長，眾無異議。余與杜毅伯商農民銀行董事余所願為，現日方懸擱，而紀律委員會主張函行政院取消余名，余可向院會陳述己意否，毅伯曰可。毅伯云觀於張當選立法院長，而同日發表鄭彥棻為僑務委員長，而立法院李中襄與郭驥對立，似政府平

衡派系勢位，而視其他忠實黨員如無物者。余歸寓略坐，即往尋
戴恩沚，詢對何小姐意見，去時得乘俞良濟三輪車。歸途至中本
晤李立侯，余達勿輕易發表意見，有意見時亦教別人發表，伊云
余井塘勸云勿矜才使氣更為澈底。余晤趙耀東，知郎瑛生女十二
朝。回寓飯，飯後侯佩尹來，同往訪崔載揚，未晤。同往大有影
戲園擬觀納粹婦人，適防空演習，余與佩尹休於平安市場，飲啤
酒解渴。市場正對民生路，路絕行人，祇救火車按錠疾馳及警察
巡邏車往返。至四時解除，余入大有觀影片。五時尋葡萄柚不
得，購包子入李家同吃，方肇衡送余過鐵道。余走至銅山街應端
木鑄秋招宴，以大蒜干貝湯為佳，飯時又遇警報演習。袁企支送
余返寓，余覺天熱，即睡。

　　鑄秋席上改造委員居多，吳三連、連震東先退。余語吳市
長，如能有一安全山洞讓老百姓寄存財富，則一朝轟炸損失之
餘，受災之人猶有幸存之物可以資生，似是救濟之一道。吳唯唯
而已，稱日據時期疏散之得法。

　　得方祖亮書，伊辭職三月十日獲批准，建元於二月廿九日產
一女孩，囑余題名，余擬名之曰閏餘。

## 3 月 19 日　雨

　　晨風搖園樹，雨打樓窗，一層緊似一陣，若颱風雨然。余又
蓀來，云定四月廿日在市參議會中山堂樓下結婚，請余以老學長
主婚。譚傅園初定為八萬元，結果無人作主，共費十八萬元，以
台大經常費撥充一部分，經費稽核初欲指摘，既亦默爾，違孟真
不肯浪費公款之素志矣。李濟之評前後圓柱既不希臘又不羅馬，
余嫌前面花圃砌得瑣碎。又蓀云前面如草地一片，墓前點景紀念
物讓畢業生逐漸加增，足表遺愛深長，不亦較善乎。次論孟真使

姓，一切不能中和，請其接收開創北大，頗有馬上得天下之概。
而胡適之先生歸國正合守成整理之需，惜乎天下已亂，但北大雖
無明文條款而舊人尚在，一切遵照習慣秩然有序，猶之中央黨部
做事亦因舊人多而秩然有序，再加以如段書詒才具之人主持，於
上則事無不濟。若錢思亮便行政經驗不足，造化學館至今未成，
恐亦無人為之出主意所至。余君十一點鐘方去，飯時有火腿湯，
飯後文耀始來。余午睡至兩點鐘，至凌家候車及人準備上車，共
費一小時以上。三時在中華書局候陳嘉猷夫人，同至孫伯顏家同
孫、凌、陳三夫人打麻將，既而志崇來，陳夫人退出。夜同普、
伯顏歸，打至十一時，莊前鼎自永樂觀劇歸，乃散。今日伯顏夫
人特為余治菜，衹燒蠶豆為合作，火腿鴨湯微毈，走油臍子嫌
鹹，熱度不敷，蝦仁豆腐蝦仁係先炒已硬，且薑蒜少，熱量不
敷，此外有麵拖黃魚，麵層嫌厚，拌金花菜菜太瘦，故余云平均
分數不及格。孫夫人在菜場見馬來頭，未搶購到手，若馬來頭、
蠶豆、豆腐而加一葷湯，手段得法，可批八十分。菜以多而顯出
不滿，不如少而易於討好也。回寓知劉象山來訪，伊一、二日內
回鳳山。吳保容來託向強恕中學說陳樹玉之子文虎下午讀書，請
改為上午班。

### 3月20日　晨雨，下午路乾，夜十時復雨

晨食粥後了理諸事。十時出，在北門車站候十二路，遇林烈
敷，伊正攜金沙省雷、馬、屏、崀成省計畫往商何成濬。余入萬
象，購得述庵詩稿等，回家閱之，第四卷缺首頁。下午臥，錢十
嚴來，同至西門町茶，有茶侍能操準確國語。余入立法院參觀某
書畫展，見一曾國藩手札頗誠懇。上樓參加合作社免稅審查會，
五時謁鈕惕生先生，為朱佩華求鈕先生寫字。余入洪陸東家，見

李北海寫詩冊，疑非李書。同陸東到雷家，伊云伊家宋代仕武官入浙，臨海、黃巖皆有族人，洪頤煊係其族人，最後定海文人為黃舟瑤。黃巖出橘，有改良臍橙，不分隔，疑即葡萄柚。孝實歸，同酒飯，約下星期四在洪家飯。飯後參加郵政節晚會，口琴大合奏、抽陀螺、變戲法、翻筋斗均有趣，徐太太及女、女婿胡惠淵演斷橋，頗為相稱，唱金絡索頗好聽。十時返寓，路上已濕。

## 3月21日　雨

晨九時前即赴立法院，祕書長室遇新任機要科長全縣唐仁民，仁民云傅孟博來任總務，又有司出納等三人為道藩帶來。九時為彭利人遺族贍卹議集一萬元，喬一凡、袁其炯、陳鐵夫、束雲章俱到。初議七委員各任一千元，束先生再集三千元。束告困難，謂不如再找濮孟九、汪曉滄，九人各人擔負一千一百元。袁君仍云以一千為度，余云如有不足，余與凌英貞集之，再不足請雲章先生籌之。凌英貞後至，余語之，同到掬水軒食鍋麵。仝道雲來捐張忠道遺族贍卹，余寫一百元。飯後臥，臥起錢中岳、梁慧義來，慧義愁家用，求得一職務，余慰之。余入立法院，聽彭爾康嚴肅紀律報告，謂現距卅九年三月立辦法時情事變遷，第一條叛國有據政府辦理甚嚴，第四條親自報到現無代報到者，第五條候補須經報告院會方得出席現已成習慣。至不得兼任官吏則原載憲法第七十五條，至其他兼職限制因其性質為公約不為法律，本院委員持解釋異論，院外機關無遵守義務。蔣公亮且云此辦法惹起紀律問題而不能解決之，足以為外界指陳立法院不能行法詬病之論據，今後應討論一究竟。院會又討論馬乘風案時宣告休息，余至雲和街以破筆寫聯三，打麻將四圈，飯時有燒豆腐、炒

素肉包紮皆可口。王豐谷抽查中央日報社財產兩日，於重要財產報告甚細。沈階升眼疾不愈，其子服務輪船公司，將送伊往日本治之。十時返寓，胸膈微痛。

## 3月22日　晴

　　晨大便得黃糞，胸膈覺舒適。作致濮孟九、孫鐵人、張其昀、萬繼勳書。文耀來，余發問兩次，一句不得，呆立廊下如木雞，余極悶悶。至冠生園一觀客座，段景祿來招呼。余至錢探斗家，錢太太方起，桑圭出學打字，十嚴丈泡香片茶款余，逖先方整衣，探斗打夜牌又輸。余至王家，王太太、陳敏皆臥，王伯母訝余久不往晤，余見王家午飯菜盤中草草，殊為老人嫌苦。歸，於車站候公共汽車，遇朱佩華陪余良久，伊方購桂圓弄孫，而上有老母均在台北，真稀見也，約下星期一俞家雀敘。余回家飯，包華國、梅恕曾來與人聚餐，參觀余飯菜，並囑寫件。余飯後臥，臥起周寶寶來招民航公司股本，余送伊入陸海空軍醫院。余入中央黨部祕書長室，見各人文書叢積，始覺討厭。三時紀律委員會，會前李主任委員講考核比重權分法，會時有徐治軍得查獲私煙機器，得獎金台幣 583 元，一人獨吞，軍法判七年，無定期開除黨籍。另有一案丘慶梅虧公款 1,542 元，祇警告。又有高雄曾文明無定期開除黨籍，交余審查。又有林紹培繳還黨證開除黨籍，林佛性謂辦黨者無積極的勸導而僅消極處分，似應建議改善。散會，余至李向采家寫字一張，訪吳保容未見，伊夫婦現在松江路辦公，住房已加整理。余尋袁永錫，瘦黑、兩眼無光，殆缺少營養之故，永錫月入三百元，去年月祇缺二百元，今年則月缺四百元。余入陸京士，京士午宴客酒醉方起，言沙溪青年從伊游者均遭殺害，上海劉鴻生自殺，李立俠無期徒刑，共黨得香港

去信則發給鄉里小組，小組逐項詢問，收信人不堪其擾。京士又講賀君山製造派別、組織郵務公寓、招待立法院交通委員等。七時在孫秀武飯，伊六時起身為余購鮮油，下午又至伍中購芥末，飯後送余至中華書局路上。余上中華書局樓上，阿順盛裝，余同吳亮言入裝甲之家觀跳舞，遇陳惠夫、吳愷玄、陸之珩，樂陌人擠，如翻坑蛆。余曰中國女人不跳舞馬馬虎虎，跳了舞醜態畢露。回寓，顧儉德夫婦來約下星期二晚飯陪張九香。儉德謂朱萍秋太太已到香港，云太倉鄉下甚亂，又云神經衰弱，要多走路多講話，伊與港務局長徐人壽皆曾患之，現已愈。今晚陸祐彬（佑湘之堂弟）相親，在飯館請空軍醫院某護士（寧波李志英），飯畢用顧陶奇轎車送護士歸院，旨在表演駕駛藝術，而車忽拋錨，半途而廢，正巧趣也。

## 3 月 23 日　晴

晨起頗早，崔載揚、劉大悲、侯佩尹、商文立先生先後來寓飲茶酒，祝吳先生健康。同出，購西瓜二枚，每枚三十斤，另購新會橙十六斤，大悲又備來亢雞蛋、蘭草。同赴五條通，吳先生方熟睡，儲福興云今日先生足痛，余等同至同慶樓食炒麵、飲酒以誌欣祝。張文伯筆述稚老閒話，十一年里大招生取狄膺等一百數十人，十一年係十年之誤，余在九年春第二師範教書一年半，至暑假而謀留法，馬冰園太太亦記十年，馬先生卒後數月而乘包島斯赴法。佩尹云關於此點，吳先生亦記不清矣。余未赴吳先生之處之前，張九香夫婦率子 Robert Chang（乃新西名）來辭行，贈余威士忌一瓶，其子三月廿七日（輪港換船）乘機赴美。鄭味經亦來告鄭澈學歷證件事。在西瓜市場余遇錢馨斯，在五條通口余等遇吳續新，訝其老態特增。十一時余至十普寺弔卓衡之遭母

喪上海，遇許君武、苗告實、羅大固，疑衡之在幫，拜客多幫會
中人。歸途至徐向行家告吃飯將以七時至，回寓飯火腿湯及蒸雞
蛋，余過飯兩半碗，殊適。飯後臥，臥起台北救濟院長王辛寶送
來籐椅四張。連日趙佩同朱貫三來，又同馬繼援來，皆未遇。辛
寶來訪，交伊籐椅價款，余至勞工同盟，蔡培元獨自守門，云吳
瑞生食宿未婚妻家。余至黃曰昉家略坐，飲茶取帶。余至鄭家食
鄭澈所出麵粉之麵衣。同鄭明步至植物園，云基隆鄭澈所得屋不
但房小地小且在要塞之中，前日防空演習始知危險，伊父伊母皆
不願往，味經急於得一就以免往基隆，今晨尋余亦是此意。明送
余祠堂旁林業第一宿舍黃希周寓，楊古白、芮晉、芮逸夫、陳重
興、陳保生、尤介貞、王辛寶、王平陵，候至六時半蔣偉之、韋
毅始來，共食希周姪及夫人所做菜，余食菜三、四道，即至徐向
行寓吃徐宗彩喜酒，梅龍鎮揚州菜一桌，尚過得去，余大講吃
經。飯後到雲和街取小帽，豐谷等均往新竹。回寓，同秦啟文講
增加發行改善公教人員待遇之困難，鐵路局去年接受美援，現按
月還十三萬美金，今年再派美援，鐵路局便不敢接受，足見政府
欲以美援平衡收入計畫雖好，而事實上極不易得現款，此真巧婦
難為無米炊也。

## 3月24日　雨

晨中改紀念周，田炯錦報告內蒙自治畫區地理與人口之困
難，已有數方案在行政院設計委員會討論中。會散，郭澄語我中
央日報加谷鳳翔、胡健中為常務董事，減常務監察為一人，以張
星舫任之，余贊成。至圓山紀念周，總裁命讀雪恥復國的典範講
演，並問總動員已六月，動得如何。余歸，到鄭家取夾衣後在寓
飯，今日盛松如始同桌飯，松如查案墜橋上傷足，現仍用拐。飯

後黃仲翔來，云妻了女及白身衣服皆破，余貸以金。工豐穀來編監察人卷目，余同仲翔思入影戲館，無時間適合者，乃去同食西瓜。至杭州南路與朱佩華、虛白、俞良濟打么半，半夜不能休，遂至達旦，窗帘外風聲雨點，室內燈明人靜，殊為有趣，惜體倦耳。

## 3月25日　陰寒

晨因體倦，未赴院會，袁永錫、方祖亮、林英貞、錢馨斯皆來坐，祖亮謂建元生次女並未難產，伊擬就高雄鋁廠職務。祝兼生來商案，下午又遣劉荷生送擬辦案來。余飯後得睡，醒已三時半，入世界書局購中西文四書，到周賢頌、俞俊民處打聽九香子名乃新，即以四書贈行。六姊小便有血，醫疑為腎藏病，今日照X光六次。俊民送余自宅後穿植物園至和平西路，余至麗水街顧儉德家，尚早，至洪叔言家，知錢逖先曾戀顧無為遺妻盧翠蘭。儉德家今日同張仁滔同餞張九香子乃新，邀余作陪，余初上伊住宅之樓，候電燈熄滅臥休。飯時桂伯所煮太倉菜，食者贊美，以腐乳為最佳，飯後聽談狗與肝蟲赤足走泥地易被鑽入，終被咬心藏大血管而人死。張乃新講自月球望地球殊無所見，有一橫條黑影則為中國萬里長城。十時返寓，右輔腫起，上次流膿之齒又流膿，塗以冰硼散，得熟睡。夏敷章、胡希汾送來墨池。

## 3月26日　晴

晨到立法院參加全院審查四十年、四十一年度追加預算案，關於國防部等機關未送組織法，擬請陳院長來說明。李鈺又問及外匯差額追加預算，亦請陳來說明。余至中華書局簽蓋章程提案，歸院有人來商侯俊遺族捐，余捐一百元。午歸寓飯，有焦蔥

炒蛋、鴨塊湯，飯後臥。侯佩尹來坐，余閱季炳辰一舞難忘，譚
訓聰記譚嗣襄、大刀王五及黃仲翔夫人以芯芯筆名所寫「一個難
忘的回憶」交秦啟文投暢流，暢流因紙貴近日虧本。下午四時錦
帆攜明孫來，余數日未見，留與橘，極樂。五時至凌家，候凌太
太及同普回，六時至鄭家，鄭嫂與明皆不在，余攜大陸陳黃酒與
味經及鄭澈飲之，覺甚醇厚。飯時同朱歐生，歐生酒能惹禍，飲
之何為。飯時歸，過黃筱堂家，與保昌夫婦說南京故事，燈熄復
明始歸。明孫正擬歸迪化街。中午王培禮夫婦來，意欲余與吳則
中為肇岳說成一事，余答不可勉強，肇岳可先謁則中留一影子，
伊等主求則得之方去謁人之說，余云現日謀事不可得之際，要多
下工夫。余說多了話，培禮不歡而去。陳立夫寄來美國之性行
為，自金雖教授材料編成，余先在羅寄梅已購得一冊。

　　晚陳嘉猷來囑簽蓋中華書局請求登記各件，余同錢中岳至紅
樓關照本次蘇松太同鄉茶會改在寧園舉行，並遇黃竹亭，竹亭已
得通知，余等食西瓜各半客。途中見放焰口，擺供有水產活貨，
一枝水草中置一蝦一蟹三螺，各為一盆，共十二盆，盆置其他魚
類，真是見所未見。

## 3月27日　晴間有陰雨

　　晨起粥菜已罄，余牙仍流膿，服消炎片並塗冰硼散。晨光清
適，窗前大樹已吐綠，觀之極適。十時至立法院，為彭利人募遺
族瞻卹啟及收據印刷，商倪搏九祕書寫印訂成並請蓋印，余並參
觀畫展，有張穀年總統觀瀑及觀雲散日出兩幅，殊活躍且頌揚
得體。十一時返寓，下午睡，睡起得暢便。再至立法院商戶稅問
題，商主任祕書蕭君立法院已函請稅捐處延展繳納期限，並說明
繳稅算法。三時財政民刑商聯席會議，討論遺產稅徵收條例，韓

同主張免稅加宗教及捐助私立公益不應作三萬元限制，司法行政部代表同意罰則免科徒刑，日本相續稅虛偽亦有科刑之條。出，至泰康購上腰峰一塊贈雷陸望之，望之今日歸家休息，停數日另一眼再將開刀，酬謝醫生擬送二千元衣料。余同陸氏姊妹閒譚甚久，望之開刀，其姊宿醫院三夜，骨肉之間愛好無可比擬，而獨我穎姊棄我先去，痛何可言耶。五時同孝實至洪陸東家，伊住法院旁，面對植物園，其前庭有黃竹、有綠線者，又有美國海棠，其第三子習園藝，陸東亦愛蒔花。余等三人先飲鹿角粉所浸酒，味微腥，陸東夫人治獅子頭、蒸黃魚、炒牛肉片、拌菠菜，皆佳。飯後觀洪君諸子飯，並觀洪君外孫祝麟之子兩歲開瓶嘗酒，此子係陸東夫人赴澳門領歸，頗活潑。午間王培禮夫婦來，為方肇錕患盲腸炎，求余作書蕭自誠轉求院長開刀。肇錕去冬曾請俞時中開骨瘤，今又患應割之症，正不幸也。

夜交通部請立法院交通委員會同人西餐，徐君佩、白瑜上樓候余，柳克述邀余參加，余以牙痛辭謝。

## 3 月 28 日　晨雨，下午雨止

竟日未赴院會，余於討論院務輔導委員會無興趣。上午九時後走青島東路裝甲之友出席中央日報社股東會，余代表監察人作報告，於防空節約兩點提出意見。選舉後西餐，陳天鷗與余皆要求飲酒，共開白蘭地三瓶。一時許返寓，略臥，洪亦淵、錢中岳即來招呼蘇松太茶會，雨中到四、五十人，余說話甚多。徐炎之、朱佩華來，擫笛唱崑曲四段，彈詞郁元英，望鄉盛成之、王鴻磐，小宴孫再壬，辭朝朱佩華、張振鵬。至五時沈昌煥來，報告控蘇案之通過放棄投票亦為幫助吾國，次講各國情勢，以英國經濟情況最為艱難。五時四十五分散會，諸同鄉請沈君四月

二十五日再來講一次，沈君車送余雲和街，余在朱家飯並打牌八圈乃回。

羅志希於股東會飲酒時寫奉贈君武詩云：

慷慨歌台市，從客作酒囚，
引盃成一快，不負老年喉。

得劉象山書，項蓉離職證明、薪金核定、欠薪及結婚補助，陳校長皆已照辦。

## 3月29日　晴

晨郭澄來候余往圓山忠烈祠，余晤許雋人、錢思亮、余漢謀、陳濟棠諸文武，文多於武。五院院長陪祭，余語道藩新院長觀見先烈，又曰平時云平仄，今日院前員後可謂仄平。祭文末第二句有嗚呼哀哉句，余語許靜芝哀哉二字可省。禮成，侯蘇民允送余至溫州街夏光宇家，待車場有女祭客二，不知何機關職員，白足參與大典，始知鄭明別祖不肯穿襪是當今行派也。余等晤光宇夫人，知光宇赴北投，明日可回，余約明日再往，夏夫人故神其說，謂麻將須合長圍牌小而輸贏利害，余不信也。蘇民候余至伊寓寬廊內坐，其女新嫁，搭房於鄰院，尚可望見花籃殘枝，其婿在美國小學教小外國人英文，並為新生報英文編輯，月入須達兩千新台幣。譚前次吳國楨與陳辭修不相能，吳要求撤換徐柏園與彭孟緝，結果徐柏園離台灣銀行而彭孟緝低頭，吳來往彭迎送，一減從前不理之態，今日余於先烈祠見吳國楨團團活色，養得更佳。余又譚八勝園後鐵路招待所曾一度喧傳為陳院長索取矣，並聞修葺一新，而余兩次問陳，辭修均言余並未要該屋。蘇

民云陳院長曾在國府月會說有人送余屋余不受之，此真比美於復興關鼎惠懇辭，送者之意甚誠，受者有所不敢，故監察院四百萬元之詢問及鐵路局開支浩大皆有所指，而余問秦啟文數次不得要領，問陳誠兩次所答不知所云，再以陳誠所答問秦啟文更不得要領。蘇民笑曰，君真鄉下人哉。蘇民之言曰反攻後對嚴欣淇如何算法，余曰當計算有無罪行再定。又曰君陶父子關起來並未死刑，又曰監察人衹是管其大體，不能苛求。十時有高陽段慶濤及妻萍鄉葉氏，曾以嫌疑禁在綠島者來，葉識梅必敬夫人。飯時有蘇州醬肉及百葉包，飯後同訪錢慕尹，余索慕尹篆書壽何敬之四句，慕尹正計畫在後園建一書房。出，至江陰陸某家，主人不在。至莊前鼐家，余於侯、錢、莊家皆計畫購地建蘇松太公所，名之曰亭林小築，諸人皆云可行。余至中華書局，再至凌同普家，同凌、莊、陳打牌，凌一人獨負。十時歸浴，禮堂演宋十回，賀衷寒約觀，余以倦不往，聞今夜特別擁擠，外人來觀者時亦拍手。錢中岳於睡前送紙來，黃振玉於下午因事來訪未晤，馬光啟亦與姚頌馨夫人自台南來訪，亦未晤。

## 3 月 30 日　晴

　　晨起即赴車站搭一路車，遇武進余君穿軍裝，伊在鎮江附屬小學同謝守先辦事，因而稔余。余自台灣大學下車，回數十步即至溫州街 124 夏光宇家，閱「今日美國」玻璃纖微及原子淺說，玻璃絲可包鐵管，前聞人云男襪兩雙可穿半年，不足奇也。光宇至北投為某建築導水，云是處水有兩種，硫磺水、高山水，沮洳地面較低當繞遠築溝管。余與光宇夫人、孫太太（其夫曾同席士林園藝所者）及徐漢豪飯前後各八圈。飯時有高粱酒，光宇夫人衹飲酒，牙痛不食飯，菜有豆腐燜蛋及雞湯及黃魚，飯後西瓜。

三時豆沙烤餅，飲古古茶。余至和平東路四十一巷台電食堂參加
崑曲同期，聽痴夢及折柳陽關，食麵一盂，主人華繹之又親捧余
一盂，余不能盡也。余同孫再壬於熱光中走至孫伯顏家，姚志崇
曾到寧園尋余，伊等游烏來，車拋中途，歸而約李太太（其夫為
日月潭電廠副經理）又打十二圈，余兩次總負三百元，亦云暢
矣。黃壽峻、金秉全、周子若、盧滇生來訪，均未晤。孫家豆
及清粥甚佳。今日暴熱，崑曲同期在台電食堂，打牌在孫家，皆
因屋低風塞，頗覺氣悶。

## 3月31日　陰曆三月初六日　陰雨

晨走赴黨部，路遇金秉全，領伊至襄陽路四號中國農民銀
行，余走至黨部，紀念周已開始，不及聽嚴家淦報告。余與谷鳳
翔同坐 2725 車赴陽明山，車上講四大夫人崔震華、張默君、趙
淑嘉、沈慧蓮，趙最不合理，修車一萬八，某次監誓加油十加
崙，用監察院官銜大車往基隆運貨等。張車前以邵元冲國葬籌備
會領照，此次不許，中改去交涉，又未換戶，諶忠幹正為難中。
又講吳鐵城來領車胎，吳下人亦有走私狀。又講陳天鷗以留日學
生會名義歡迎華僑，無法無決議更無說法，硬要支 2,500 元，鳳
翔已批不可，而張其昀又不作肯定之詞，殊為難辦。正嗟嘆間，
車行竹子嶺，濃霧漫路，至後仔山，經霧開處，鵑花紅豔，實踐
學院外小洋房皆完成，住外賓，祕書處大門已整理一新。今日為
特別黨部代表大會，期間總裁講黨與軍隊不可無，總統與大官則
可以不做，伊稱有同志之樂可以共生死，昆弟、父母祇同甘共苦
而已。次舉黨員守則，忠勇舉張良為例，有恆舉勾踐，此皆一日
不忘敵人，堅決其志，忍耐艱苦而運用智慧以達成功，最可效法
者。總裁因又舉刺客同志，黃花崗之後繼以炸鳳山、孚祺、李

準，至彭家珍炸良弼、王君等炸袁世凱，而民國成立矣，此後惟張靜江遣福建陳君炸徐寶山，幾成絕響。又晤軍隊代表，云台灣省黨部之改造不算成功，李友邦之外有屏東張吉甫，匪黨當選者二人，苗栗又有李義成亦被捕云。十一時散，歸途見一小車撞至路外。歸寓飲大成老酒，加菜請客。飯後臥，臥起錢中岳來囑寫屏條，金秉全來譚璜涇租田悉分去自田，學裘分得三畝，秉全得七畝，教員待遇尚優，沈禹昌住余西宅後進，桐表弟婦在小學教書。三時至新生南路一段 143 弄 30 號，晤馬光啟夫人及其女靜娟，知姚頌馨夫人乘平等號已歸台南，伊因頌馨久滯不遷，且在勢利場中受壓迫，現朱瑩玖任鹽業公司，擬求得照應。余乘四路返西門國校，尋黃曰眆不得，入鄭家飯，有竹筍鮮湯。

## 雜錄

黎傳寶，上海江西路福煦路亞美無線電公司。

方祖亮，高雄市成功二路資委會台灣鋁廠軋片廠。

姚頌馨，台南建業街十一號（住宅）。台南市安平區西門里台灣
　　　　製鹽廠台南鹽廠辦事處。

侯張麗青，侯□妻。

王建華，王國棟妻，寧波人。

馬光啟，台灣鋼廠台北營運所經理，所址重慶南路一段 119 號，
　　　　六五七八。寓所新生南路一段 143 號 30 號，六五九二。

晏天任，台北市康定路廿三號，中國農民銀行旅台同仁。

許聞淵，送革命實踐研究所第一至十六期教育設施述要。

張鈞（增榮、態），鎮江人，居溧陽老西門湯家巷十號，已燬，
　　　　　　　　　現住碼頭街小橋巷，現在松山救濟院，年
　　　　　　　　　二十八歲。

□公龢，財政部，詩人。

江惠美，父太平，祖傳水，99。

胡元度，仲翔夫人。

卓衡之，新店七張路廣明岩下衡廬。母陳，79，子彬、森、林，
　　　　女荃。

梁明第，徐宗彩夫。

黃菊逸，植物園林業試驗所第一宿舍。

黃尊生，C. S. Wang, Han Chiang High School, Green Lane, Penang。

崔載陽，台北環河南路一段一號。

李世泰，山崎火車站鐵砲連炮十三團服務，溧陽南渡人，曾任溧
　　　　陽縣黨部服務，自稱患胃病。

姚夢谷，凌紹祖託金劤千來請吳稚暉先生寫畫展。

馮鳳根，壎涇周雲甫繼子，高雄鳳山五塊厝 9059 附 15 部隊。

王家瑩，江西安福人，劉仲劬妻，願任農復會繕寫、收發、校
　　　　對、管卷等工作。

陸克，台南市旭町八九〇二部隊衛生連言魯收。

李登同，名福林，同治十一年七月十八日巳時生，四十一年二月
　　　　十一日（正月十六日）卯時卒。年八十四，子十一人，
　　　　業宏田隆塘泰為禎祥智信仁，住香港般含道 66。中崙
　　　　光復路二十二號六十六衖六號為台灣通信處。

史清河（君勛），基隆港務局棧務管理處十六碼頭。

狄文琴，信義路二段十七巷一弄九號。

郭毅之，廠長。

陳凌海，基隆市八堵 147 號工礦公司鍊鐵廠，電話基隆四五〇號。

摩底，Moody，美兵工方面權威，曾任我兵工署顧問，與俞大維
　　　　稔，曾發表戰後美國對我軍援之數字以駁斥白皮書。

林琢如，林在明之父。

廖華，貴州人，年二十一歲，係徐坑女校長（肥料廠子弟學校）
　　　　養女。徐坑之夫名廖瑾瑜，係退職軍人。徐坑之妹為楊繼
　　　　曾妻。狄君毅。袁。

莫尚仁，現任副主任，基地院法官徐君。

徐人壽，港務局長。章紹周，副局長。工務組組長，趙春官。高
　　　　之潘，保養所主任，崇明。鄭學勳，副主任，寧波人。

徐善祥，赴日本。

朱育參，電話 2117，貨運服務總所計核組長。

耿兆銘，耿石民姪，石民與秋丹為友，工礦公司財務處，開封街
　　　　四號三樓，2909。

梁慧義，基隆仙洞港務局宿舍六十五號。

高焱槲，潘時雨案承辦推事。

馬治，白建民（毅庵）戚。

史祖鷔，尚美，49，中山北路三段雙城街 46 巷三號，史祖恩，
　　　　48，7749，信義路二段十七巷一弄九號狄文琴家。

汪經昌，台北寶慶路五號，4326。

徐松清，重慶南路二十五號，電話 9730。

居浩然，電話七六一一、八三〇五。

汪芳淦，字希聖，電話六九一一轉一七。

梁冠臣，成都路十二號二樓，聯友法律事務所。

周還，臨沂街 25 巷十三號。

朱英，雲衢弟，三十六歲，太倉北濠弄。淡水鎮水碓里 1109 部隊
　　　　（雷達大隊）一級通信上士。

狄澍（桂芳），7951，再要補給處電話。

狄璉，台北三重埔國民學校高炮司令部。

盧滇生，華陰街 99 巷一號。

林在明，琢如子，沅陵街九號漢彌敦行。

鄭澈，廣州街 123 號，基隆粉料廠技術員，暫支 160 元。

周月娟，適李慶鶴，台南地方法院宿舍二十號，進學街二巷五號。

黃曰昉，雅江街十一號。

曹佩薆，女婿梁宗一，和平東路一段 85 巷二弄四號。

楊南村，雲林縣虎尾鎮龍岩糖廠副產工場。

馮鳳根，璜涇人，鳳山九〇九五附十五部，五決舊營房。

蔣偉之、韋毅，廈門街八十二巷十五號。約黃希周、葛惠卿、
　　　　　　王平陵、芮逸夫、楊古白、陳保生、芮晉、尤介
　　　　　　貞、蔣生雅、呂一塵、陳重興、程致遠、王辛寶
　　　　　　二月二十四日中午飯。

立法院松江路宿舍，電話九八九五。

沈階升，台中自由路四維巷四號。

薛大可，南陽街三號。

李枝榮（男），如寶、滿意、曼瑰（女），母雷。

樓翼雲，中央印製台北廠，六六八三，Roland Y. Y. Lau。

倪德明，臨沂街八巷八號，華山戲園弄入內，戲園左手轉灣單幢
　　　洋房。

程澍德，基隆台灣銀行。

王耀先（承武），高雄港聯合檢驗處處長，高雄電話四七一四、
　　　四四七六。

賀鳳蓀，洛陽街九巷一號蕭宅。

余天民，香港九龍桂林街 61 至 65 號，新亞書院大學部。

錢穆，台南東門路棉麻繁殖場。

顧授書，嘉義西門街廿三號，台北漢口街一段十六號興業建築事
　　　務所。

汪漢滔，字紀南，妻葉韻秋，長安西路 106 號，中山北路一段
　　　五三巷五〇號。

張明，字青永。

李翊民，字翼民，淡江中學祕書。

王裕民、蔡致柔，崑曲同社人。

餞汪公紀發起人中，有王紹齋、彭智璋、沈振華、陳沛德、李鳳
起、時壽彰、孫宏幹。

許靜芝，新生南路一段 139 巷十四號，公 7030，家 6639。

戴愧生，金華街四十八巷一號。

上林花大酒家，永昌街三十號，四九〇九。

王觀漁、薛大可，中山北路一段五巷十七號。

毛雕，松江路 156 巷二十九號農林處處長官舍。

癸芳，建國北路九十九號憲兵司令部眷屬宿舍。

欒明新，屏東勝利路迪化街四十一號。

夏煥新、盛成之，中山北路二段 44 巷八號。

朱敷春，廈門街八一巷七三號。

張祉傑（炳麟）。

龔浩，字孟希，南京東路 49 號，7026。

陶懋衡，字南樵，江寧人。

陳其政，同安街二十八巷七衖四號，崑山人。

陳寶麟（冠靈），南陽街十五號 B 二樓，2410。

潘士浩，重慶南路一段 115 號三樓新陸公司，4186。泰順街 26
　　　巷 9 號，8071。

何仲簫（魯存），台北市襄陽路四號三樓，電話七六七四。

丁治磐，字似庵，東海人。

馬銳（勇先），新北投中心里泉源路二十一號。

錢雄飛，Mr. Chien Yun Fee, Sekolah Hwa Kiauw Endeh (Flores)，
　　　英梨。

秦滌清，Di-Tsin Tsing, 87-36, 86 Street, Woodhaven 21, New York,
　　　N.Y., U.S.A.。

俞良濟，杭州南路一段 111 巷 27 號。

蕭錚，Tseng Hsiao, c/o S. S. Shu, 5618, S. Maryland Ave. Chicaco
　　　37, Ill., U.S.A.。

陳友義，菲律濱總支部，3rd Floor, 522 Benavides Str., Manila,
　　　Philippines。

狄順康，新西蘭奧克蘭裕中輪船。

慶澤彬，字鈞甫。

何子星，泰安街四號。

黃天鵬、盧小珠，和平西路一段 78 巷二衖 21 號。

蘇馭羣，竹南第一銀行樓上。

顧希平，中和鄉頂溪洲竹林路二十一號。

吳鐵城，仁愛路二段 38 巷五號。

王超凡。

李竹瞻，台北麗水街九巷十五號。

蔣渭川，杭州南路一段一〇一巷二十號。

吳保容、孫鐏，中山北路一段 53 巷 48 號。

徐君佩、盧孰競，中和鄉中溪村保福路 73 號。

張希哲，新北投新民路三巷康樂村八號。

陳漢平，武昌新村四號，農安街。

樓桐孫，同安街 80 巷六號。

胡振華，仁愛路二段九號。

張炯，羅斯福路四段四八巷一號。

葉溯中，新生南路二段三十巷十五號。

陸翰琴，中山北路一段 53 巷 24 號。

自由勞工同盟，峨嵋街 105 號。

葉秀峰，浦城街底九號。

俞鴻鈞，中山北路二段二十巷五號。

郭澄，中山北路 140 巷十三號。

李崇實，新生南路一段 170 巷 13 號。

林錫鈞，汐止中正路 231 號。

王志鵠，宜蘭農業職業學校。

蕭吉珊，暹京阿爾旺路 722 號。

竺鳴濤，台北縣泰山鄉黎明村半山雅三號。

陸匡文，北投奇巖路十號。

滕傑，台北寧波西街四十巷五號。

李宗黃，牯嶺街九巷十七號。

徐恩曾、費俠，新生南路一段 145 巷十一號。

李立柏、盧雲光、彭啟超，台北市博愛路，台字第 6004 號。

艾靉，陸軍第六軍司令部。

張祖同，台中三民路 131 號。

劉秋芳，開封街一段 77 號。

洪蘭友，台北新生南路一段 161 巷 34 號。

史尚寬，杭州南路一段 143 巷卅六號。

陳獨真，台字 7373 號信箱。

張書田，台中菸葉加工廠。

孫鏡亞，台中復興路綠堤西巷十二號。

呂治國（次眉），香港威靈頓街 107 號嶺南繡店。

陳九如，南昌路一段一二六巷十二號。

何惠民、連毅君，新竹中正路 129 號。

彭紹香（少安），連雲街廿六巷六號。

徐振聲，青田街十二巷十七衖一號。

張堯亮，陽明山山子后碾米廠，娶姚景蕙。

姚振先，潮州街 60 巷四號傍門，台北市信陽街十二號中紡會計
　　　　室，2179、7891。

何子星，泰安街四號。

金秉全，南投縣民生街六十五號。

賀鳳蓀，洛陽街九巷一號蕭宅。

李康五，新竹郵箱 7090 號大同學社。

楊南村，士林大東路智勇里 88 號。

狄慧齡，台南新營公誠國校。

狄慧慧，狄山女，夫在天龍化工廠。

陳敏，字寒影，吳興人。

朱世楷、項蓉，新竹南區土城里平民巷四十八號。

何仲簫，字魯存，杭州南路一段 103 號仁愛路西口。

## 4月1日　晴，夜雨

　　晨立法院會，張院長道藩說明資料、圖書、診療各室、車輛及休息處所皆擬設備，惟經濟及房屋之籌得兩有困難，院中正盡力為之，惟不能計日呈功。言畢，有詢疏散工作如何者。十時農民銀行紀念成立十九周年，俞鴻鈞主席講紀念過去、策畫將來。李子寬講四省農民銀行成立之初，提湖北流通券未得，再收紳富捐，紳富皆逃上海，不得已取於雅片特捐，開創時祇二百萬。王惜寸講初時農民銀行做農民事較多，日後發達，做農民事反少。余講撤退時悽慘狀，主張招攬舊人，徵集經濟鬥士，以圖規復。趙葆全報告行務。十一時半散會，余歸寓飯，飯後臥。黎子通送來綴英為黎母三月十三日付小虎子書，末云告訴大先生把款交給二哥，陸續寄至阿弟處，告伊交大師母繳地價稅之用，三老太太兄弟已調至別處去了，其餘均很好，勿念。余於三時至立法院，候至四時方開會，討論審議預算程序。四時至鄭味經家，今日鄭明結婚滿月，余食糰子三枚。遇葉端若，隨伊至長沙街中南彩印所參觀。余至黃曰昉家食蟹殼黃一個半。至凌同普家，知今日為愚人節，人多受愚引笑。至厚德福應潘士浩招翅席一桌，無是處，窗外簷溜如注，樓上沸喊搖天，真是受罪。飯後至中華書局說笑，至十時方回。陳太太以電話愚余，姚志崇以王公嶼請帖愚邱紹先，邱與孫再壬、吳亮言尋余飲酒。余於下午曾到李向采家，擬問方肇鋸開刀狀況，門扃未入。又謁吳稚暉師，為陳次仲晨間語余自生日之後手臂有痛，打針一次後不肯再打，近日多說洩氣話，有上不了草山及延命痛苦之說。余入房床前一望，師正熟睡。余謁馬太太，近亦患病，馮小姐送余門口，余留寧園電話號碼乃出。晨在立法院，鄧公玄示余鍾天心抄來孫哲生英文信，伊方擬自法游西班牙、葡萄牙，不擬發表世界觀測，亦不擬作中

文書答覆。據伊云世界熱戰、冷戰在美國大總統選舉之前，其狀況迨無如何變化。梅心如約余明午十二時半忠園聚餐。歸途接鄧鴻業、彭醇士聚餐請帖。余赴厚德福之前過蓉村，遇黃仲翔及其女芯芯，余拉芯芯送余至厚福德門口，芯芯呆瘦，想為營養欠佳及用功所致。夜深雨點淅瀝，不停敲余心頭，念死者愛我，生者念我，既負生者又負死者，越添抱歉矣。

翁之鏞中國農業金融制度擬論：

（一）農業金融之基層機構逐漸改為農有、農治、農享之農民
　　　金庫。

（二）為農業金融之體系內，包括農產資金化所必需之農業
　　　倉庫。

## 4月2日　雨

晨候梅影來譚，未幾朱鍾祺來取中央日報社移交冊，劉荷生來送紀律案卷。將飯天寒，同劉局長飲酒，楊司務為備酒菜，秦啟文歸，將酒盃移至飯桌。余略啜湯，即至忠園參與老老聚餐，到八人，董宣猷、楊幼炯、陳逸凡未到，徐中齊同桌，以魚唇及太太湯糰為美，飯後譚何敘父投共事。二時散，余至李向采寓，祇香亭在家，向亭因肇衡白眼又求去，余勸解之。臥床休息一回，至立法院參與煙酒專賣條例審查，余以為大體已論定乃歸，逗明孫爬行為樂。六時至中華書局飯，與朱文德略飲酒，菜有鹹肉、豆腐百葉包及臭豆腐、紅燒蹄子，八時半方回。立法院財政委員會來聲明，報載歡送徐柏園出國係周雍能等私人行動，本會無此舉動。昨余詢趙志堯，謂柏園一升一蹈，幾成定式，此次說中國銀行有事赴美，實不然。余方以其屢躓為屈，而志堯以其躓時皮膚不傷，爬起容易，謂為能幹。觀於此一聲明，其人惹是非

多也。得澳門三月廿九日萬繼勳書，得余印刷賀年柬，謂故人並未全疏。又得濮孟九書，謂束雲老與我儕窮公務員等量募捐，竊所不解。得俞勗成書，已得派充正中書局總稽核，懇余保證，保證之另一人為吳稚暉師，已簽蓋。余覆書戒之，云正中內中正是多事，兄一以公正勤慎出之，切勿口碎，且勿因現處困乏致多要求，此二點最為緊要，祈惠納鄙言為幸。

　　晨朱鍾祺來，將與碧子婚，給其母三千元，求余作證婚，余辭之。伊因生意不好做，將營典當業，余主慎重，並介紹往見邊定遠求教。

# 4月3日　雨

　　晨往中本繳借據。出，至正中總管理處送俞勗成保單，張梓銘已到公，余訝其早。至立法院，今日審計部、經濟部、財政部、資源委員會、中央、中國、交通銀行、中央信託局報告銀行再投資之事業是否國營事業問題。各代表報告甚當，而女委員黃佩蘭不耐聽。余聽完報告乃行，入中本取利，歸家核賬，數幣少一百元，復到中本取得。飯後得熟睡。中紀工友來送藥，取去鍾鑑同人應得利。出，尋曾蜀芳醫寓不得，入立法院審查遺產稅免稅各款，韓同主加宗教，余否認之。仲肇湘主加不計被繼承人之應用品，首飾等除外，余亦不贊成。討論至稅率，會眾多往聽葉公超外交報告，余主散會。余至雷家，陸望之今晚又將進醫院，明晨左目開刀，余同伊步保安司令部觀綠樹，入蓮園茶點。歸途遇雨，項蓉因春假自新竹來，新竹中學校課尚嚴，男生頗調皮，伊不但步行上學殊苦，且改卷繁重，幾無暇理家事。飯後同伊到亨達利修錶，同伊訪鄭明、劉文川，余始回寓。午飯時史祖鰲來，余為介紹中華日報石信嘉，且贈伊零用。

## 4月4日　晴

　　晨候項蓉不至，八時前來電話，謂陪望之開刀，此次開刀歷兩小時，祇蓉與孝若在場，至以不果來。余略閱中、法文。飯時有胡豆瓣炒雞肝及鴨殼海帶湯，飯後臥。戴恩沚來謝何小姐，謂年齡擬擇較輕者。余至大陸救災總會二次年會，到者頗多，京士等擬推谷正綱為該會主席，余亦簽名。有西人二演說，其一引耶穌語人「汝救濟人較優於受人救濟」，其一盛森講兒童救濟：（一）肺癆防治，廣大施行卡介苗接種；（二）破傷風及百日咳預防；（三）性病；（四）砂眼防治。余聽至天主教代表夏光榮演講，乃乘束雲章車返寓。雲章上樓坐譚，曰我老矣，在職務已告老，殘存雍興董事長職銜，為克難時期貢獻能力之所。余固不受任何待遇，所以樂任立法委員者，以任之則可以辭其他職務。審計部中人曾來查，雍興承評辦理完善，可資取法，惟云購物未經投標，待遇與普通公務員有別。余曰購物已經達理想之境，比別家便宜，何以必需投標。工資則同工同酬已不起人欣羨，計工異酬則艱苦危險之工，何以必需與公務員同酬。且自經營之道論之，計算精密合於標準，如標準每單位十元，做到九元已為稱職，時價落至八元不應責他，反之做了每單位十二元則為不愨標準，倘因時價暴漲得出售至十四元，不能說是其人之功績。且國家實業之振興，有賴於設一物質標準而任人自由競爭，若必責以賺錢而預繳贏餘，則主持者必致力於繳錢之道，或偷工減料，或另出別途，其為害亦不小，故但當問其人能經營不能經營，不能以一為國營事業便可放心，營國營事業者不能與審計人員通同作弊乎。伊云資本主義、社會主義、共產主義我皆反對，余惟信民生主義最為無弊，讓企業蓬勃以暢物資，使貨不棄地、人力得施，此外以稅法使其贏利繳於政府，政府以之辦福國利民之事，

此總理之所曾熟計，而今中樞無主，無人昌言而屬行之，此危道也。張承櫺在上海要中紡以若干條金為伊置房，余持不可在中紡地基為伊蓋房，動用器物擬以審計用出賬矣，而審計不欲，仍列在中紡開支，余至交代時始知如此，如此審計人員擅作威福，何必為之推廣威福耶。談半小時，錦帆、項蓉來乃去。明孫學跑路，頗迎笑。項蓉五時三刻同乘汽車至中華書局候姚志崇、孫伯顏，同至羅斯福路二段交香英利。同至雲和街打八圈，飲特級青酒，食家常飯，姚、孫、項、鄭皆稱美。十時散，坐三輪車回寓，寓門已上扃，喚老伯開門。

## 4月5日　晴　清明節

念姊喪，今日為新清明，姊在日哭亡人，新清明悲傷動人，今姊臥南京花神廟側，弟流亡淡水河邊，每聞每見慘怛萬狀，終朝數次流淚，不能向人流則向肚裡咽耳。晨起煙籠草暖，霧瑣樓沉，幾疑是雨，遠處天晴。立法院今日補昨會，余不欲往。待項蓉來，同往同安街強恕中學，操場西角疊桌為壇，上供江蘇死難軍民位，位上有長竿，上插竹枝，枝掛紙幡，臨風搖痛。場上設茶座，女學生送茶，余晤李徵慶、凌紹祖、周紹城等。十時行遙祭禮，顧祝同主祭，祭畢有同鄉僧人上供。余同丁汝磐、洪蘭友商妥還楊管北香港難民墊款事。十一時至台北汽車站，同項蓉赴北投，在汽車站並排之山東館食牛肉湯麵，湯油過香，肉亦嫌淡。留片告賀元靖，云膺已到過。出，上何芝園，見菌亭緣坡上則為稻塍，塍狹而濕，鞋面沾泥，頗覺搖搖，且嫌不近。入何家略飯稍臥，蓉赴毛神父處，浴罷同芝園自大士閣新砌水門汀路下，有英文 Hiel Side Hotel 市招者最穩且近，下公園得野雞回車，祇需十元。余自第三分局下車訪秀武，同向采歸寧園，坐樹

下飲龍井茶、三馬啤酒。侯佩尹來，背誦永和宮詞及琴河感舊。明孫來，提之步行草地。六時赴新生廳，飲原春輝、柳煥如康樂廳喜酒，共三十桌，黨部同志到者頗多，休於草坪。余思理髮，遇賴景瑚夫人，工忙理髮未成。余同許君武夫人、楊佛士、張泰祥同桌，略食菜，新夫婦敬酒過後即出。坐中型吉卜車至李向采客，同佩尹飯，今日山東春捲及魚頭甚佳。飯後余至中華書局，孫伯顏邀余赴伊家觀打牌，吳亮言勸余多留書局一回，余皆不允。亮言思母及其二妻，逢節亦極淒苦，余則滿懷悲痛。回寓後擬吟詩而牙膿過多，不敢再用心思乃睡。佩尹云清明大抵為四月五日，偶為四日或六日，今後年年此日當更為姊氏悲傷。姊乎、姊乎！

## 4月6日　雨

　　晨邱維昌來，請介紹入黨，伊頗有意於振興實業，譚恆春瓊麻廠荒棄可惜。邱去，吳司機同其父成衣來，為余量單夾衣。成衣去，李家瓊來訪，同余出為項蓉購歸贈朱世楷之食物。雨淋衣濕，在狗不理候吃飽子不得，乃歸，同秦、劉、邵飲酒，飯後同秦啟文至探斗家，同李景蘧打么半再折半二十圈，余得十元。歸寓，姚振先母狄氏率女景蕙來，云張堯亮住山子後，囑余往游。振先因為人放款有一萬餘元賠墊，又中紡造決算，又有人謀伊位，數月來不得空，候余因此。十一時母女歸，余始睡。連毅君來訪，未晤。

## 4月7日　雨

　　晨先送茶食一匣與錢十嚴，託馨斯轉交。入中山堂，張道藩於聯合紀念周講憲法規定立法院之種種，照憲直講，無所發明。

散會，有一人譏於路，云除非伊新任立法院長，作此報告感覺興趣，我人聽得索然無味。余曾聽胡展堂先生初任時講三民主義之立法，更嘆後輩望塵莫及，但張君僅有小疵無大刺謬，已不易矣。散會，參加遺產稅審查。出，以茶食贈王世勛，請其奉母。至吳成衣處，囑將德王人字呢袍剪短裡襟後，將裡子縫在裡頭，以便得材料後補長。歸車再至鐵路醫院內科張振書處，請其接洽牙科主任為余治牙疳。歸寓略飯，到武昌街參加小組會議，余主中樞應有政治決策運用機構，並允儲家昌受訓，余為代理小組組長。飯後歸，劉汝明來，云南口友軍響應北伐，此次來台有眾三千，總統甚見信任，希望得參加圓山紀念周。三時至國語日報開北大同學會理監事會，吳靜講日本學術界刻苦、富有國家觀念、集體研究科學合作種種，議五月四日再請向紀念會講演。四時散，至鄭明家，已負余配給兩月米一袋歸。余同陸再雲往好來塢理髮，朱育參為付帳。歸鄭家飯，有臭豆腐、萵筍葉豆腐等菜，鄭明所製也。鄭皓又懷孕，小兒斷乳，今日打回奶針。余至凌家略譚即歸。朱德勤來譚。

胡秋原香港時報七日春秋代序，自顧亭林日知錄譚起，云今年為顧亭林逝世二百七十年紀念，1613-1682。

盟總釋放政治犯，廢除治安維持法，於是日本共黨乃得公開活動，德田球一、志賀義雄咸出自獄中，而野坂參三亦歸自我國。錄日政府發言人摘日本吉田內閣對我政策之趨向。

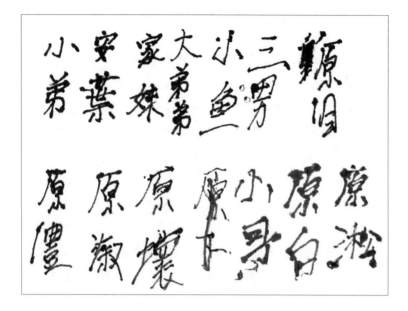

　　於夾襖右袋中檢得二房或三房姪女所記兄弟姊妹人名，其中原渤寫作原白，三男是邁櫻，小魚是□□，原淮誤作原壞，嘉幗誤作家妹，安嫻誤作安葉。離別三載，親丁除錦帆外均隔絕，所懷萬端，不知諸姪輩讀書娛樂俱作何狀。二弟又添一女，四弟兄共得二十三男女。萃弟得一子，現為子女各一，與豐哥同，六房共為二十七男女。

## 4月8日　晴

　　四月八日釋迦牟尼佛降生，中山堂和平廳觀浴佛，銅佛立銅盆中，在鮮花亭上有鉛皮水道可自上灌水，水自花間流下可灌佛身，善男信女分坐兩旁。余參加立法院院會，聽張慶楨發言。出，至黨部取藥，在辦公室略坐。至黃振玉夫人處，前日振玉來尋，真為周轉不靈，伊在職業商校，校長換了人亦不合式，黃嫂

託余為振玉謀事。中午立法院留法同學兩打，請院長張道藩、副院長黃國書西餐，味不見佳。飯後竇子進邀往伊家，同楊公達、習文德打麻將，余負。

查石村來候未晤。得立法委員黨部台 41 立黨字 125 號通知，儲家受訓，由余代理小組長。

## 4月9日　晴

晨毛震球之父來詢蘇松太同鄉會狀況，伊講沈昌煥之父名竹賢，曾在瀏河鹽稽核所任事，聰明有儀，惜為雅片所誤，落拓異常。余至立法院參與遺產稅審查，表決免稅加宗教，扣除家具用具，申報在死亡後三個月，均通過。余至凌同普夫人處晤陳舜耕夫人，即歸飯。表侄施振華求余介紹輪船上職，以便隱蔽作特務，余未允。鄭味經來送臭豆腐，秦啟文出另一家所送素雞，皆美味。朱慕貞同劉季植來，請介紹打撈公司職務，余允吹噓。常熟李涵寰來，請繼續作保，允之。賀鳳蓀來還借項五十元，未晤。余至凌家同同普夫人至孫家，強莊太太打牌，莊太太十圈贏二百五以上，亦屬難得。夜，吳亮言來代莊太太，亦得利。十時返寓。

林熊祥草山公園觀櫻詩：

櫻方單葉盛，松亦萬針抽。

（載新動力）

## 4月10日　晴雨兼作，悶熱

晨粥，仍食昨日餘賸之臭豆腐。閱化名王一民之我要控訴政詰閻錫山，又閱張成達台灣財政經濟措施檢討初稿，閱至眼倦。

到鄭家還盛器，鄭明因女傭辭去，請假在家淘米。余同味經在老松小學對面廣場得美軍床毯一條，在漢中街瑞光得方脫足桌一張，時已中午，乃歸飯。飯後臥，臥起天正下雨，坐中華書局三輪車，取桌送孫伯顏夫人家，莊太太共話。二時半至周佩箴家，忽忽已過六七，晤洵端，知實無生活資，銀行如湊四萬則收，如寫賭則不欲，余謂商陳惠夫。洵端謂曾自港寄惠夫美金兩千，非一人款，幾經催促，幸索回，惠夫疑洵端有私蓄。出，晤俞良濟夫人，約張善薌雀敘。出，於臨沂街遇碧子母，謂曾住東門町四年。至洪叔言，叔言又病，腦子不清，云我人快要歸里。未幾桂伯攜德維來，余逗德維極樂。出，欲在東門町購食物未得。至雷家，孝實出差南下，余臥沙發閱右任詩存，詞多豪放。王陸一箋有才氣敢寫，頗足光革命史乘。六時同七娘娘、榮華飯。飯後歸，於總統府後遇步行之葉公超，余提蝴蝶蘭獎宜給園藝試驗所，伊云當然給該所，余已與李博士言之，此次領事江易生於裝潢亦有功。歸途遇吳瑞生，送余歸寓，伊云今年將婚，希望余助以金。

## 4月11日　晴

　　晨院會討論海空軍獎勵辦法，在鄉軍人視同非軍人，費時不少。束雲章交余彭利人遺族瞻卹金，丑輝瑛云江蘇同鄉多，易為設法，若在青海，只有商之鉅公耳。十一時歸，閱牡丹亭。出，託暢流寄譚訓聰稿費，到華報館送季炳辰稿費，蓉村送黃芯芯稿費。黃小堂送余覓華報館，黃仲翔同余蓉村食紅燒肉、連鍋湯、花捲，極佳。余仍回寓飯，飯後臥。天晴燠帶潮，如璜涇端節前黃梅天氣，余不欲往立法院，躲在秦啟文房閱牡丹亭。趙滋川來探施文耀，上樓三次，文耀正休息，未交一語，可謂誠懇。滋川

云高雄伊姓孫案發回更審，判決無罪。趙去，余已閱牡丹亭半部盡，出尋凌、黃兩家，皆無人。至交通銀行晤陳惠夫，得閱周宏濤致趙志堯信，周佩箴賻助各節已轉陳總統，即以已轉陳云云，由五治喪籌助人員函各經濟單位設法撥助，可望有濟。至醫藥 14,000 可以開支，喪費 18,000 亦可算了，惟住房係以趙棣華名義借給佩箴居住，泃端無權抵出。回寓，觀小明吃西瓜。五時半同錢中岳乘一路車至雲和街，辭不往飯，即至楊寶儉家，今日為陰曆三月十七日，漱霞師母七十三歲生辰，治酒麵，張伯雍、洪亦淵父子亦在座，以臘肉為最。飯後歸，姚君振先來約飯，訂星期二晚上，日間俞俊民來約二十六日飯，云六姊患腎藏炎臥病。

## 4 月 12 日　晨晴，自午前十時後陰寒

　　晨起整理櫥箱物，入四小箱。天熱似可晾曬衣服，余赤膊搬弄，比整理就緒，臥床略休，則天忽陰寒，至十一時，毛裡夾外，似深秋矣。余往凌家同普夫婦說笑。歸寓飯，炒魚子腥鹹，魚頭尾靠膽處略有苦味。飯後睡，凌慰祖來求余為保入保安司令部，云每六日為整理賬目一次，月可得津貼一百元，不知其何職也，伊為敲捏頗得竅。同出，余坐三輪至秀武寓候向采、肇衡歸，同坐十路，先參觀侯佩尹寓，一傭人室狹長，一房一廚在牆外。購得萵筍葉，入新蘭亭，蝴蝶蘭正在陳列，一枝上挺者三、四或六、七花，含苞則全綠，盛開則純白。有某參事一板兩枝花，又有兩芽，生意充沛。其餘洋蘭諸色俱備，則為鶯鶯燕燕，非主角矣。余等游前庭，休於亭，侯佩尹在劉宅前候余，余等至大悲寓，坐廊下葡萄柚樹前飲新咖啡，佩尹供鷹牌牛奶，大悲夫人自城返，有蛋糕及花生糖款客，秀武謂咖啡極香。飲方遍，王平陵來，余等再入新蘭亭觀洋蘭新種，名曰蔣夫人蘭。仍自佩尹

寓旁上十路車，下銀翼食酵肉、干絲、酥合，食畢與李、方諸人別。余至徐炎之寓，與朱敔春、張振鵬、蔣作民母打牌，至九時方歸，浴後即睡。得蕭自誠書，伊赴陽明山實踐研究院研究，五月中旬方可結束，託照顧中華文化出版委員會。

### 4月13日　晴　星期

晨閱長生殿傳奇，鄰居席裕同、邵介堃兩約晏起，施振華、施文耀來，門尚未啟。振華已卒業特別訓練，謂將偷渡往大陸冒險犯難，伊求介紹一輪船上職務，以便隱閉而較緩和，余無可為計，今日伊將謁陸京士，不知肯指教否也。十時余覓吳成衣換人字呢夾衣，裡子黑斜紋已剪去一段。余入中華書局閱件，邱紹先留余飯，未允。歸與劉、秦飲酒，至飯時，馬光辰來請參加伊請客，彭廚整席，無此閒適，辭不往。飯後臥，臥起汪經昌、郁元英、朱虛白、華繹士、瞿梅影、孫□□、俞良濟等皆上余房。今日崑曲同期在寧園，王洸、朱虛白為召集人，洋煙捲、水晶包。虛白攜來新領女，一下女專為照應，女貌頗聰明。余抱明甥孫下樓，浦逖生夫人給以紅包。五時至孫伯顏夫人處試新桌打麻雀，余獨負。十一時方回，門尚未局。

### 4月14日　陰

晨走中央黨部做紀念周，政治部張副處長報告軍政改進及其缺失，逃亡、自殺、文盲及體罰四者甚當心而仍有之，其言曰普遍徵兵而仍體罰，實徵兵之大礙，偶有一、二被打而受教成功，但不甘心者居多也。今日蕭同茲主席，此外鄒海濱、錢公來、劉汝明、張靜愚諸人，無中改委員，散會。余語鄧傳楷可放徐祖武入境。余閱徵集所得居先生稿件，有一五言聯寫得極好，又有

壽沈成章七十詩，居先生在台中曾命余作，余於大老應酬俄延不肯下筆，見之殊愧罪也。余尋楊佛士未得，在第四組探得中國一周 100 期，蔣君章發表宋子文莫斯科談判追記，其中關於外蒙獨立、東北領土主權之完整、新疆消滅叛亂、阿爾泰山歸還中國，曾登載總裁指示，並謂此乃第二件總裁最痛苦的事情（第一件為九一八至全面抗戰一段時間）。總裁閱到後，以蔣君章發表職務上持有的祕密，免君章研究員職。昨汪經昌向余說如此，余今日探得君章目疾外又患風疹塊，臥病在同安街 97 巷八號，君章真不幸哉。祝祕書又告我總裁怪年輕人坐了汽車，中央黨部財產目錄不完備，工友攜歸公物等事。余走回經過中山堂，觀攝影展覽。十一時返寓飯，飯後忽想起星期六往士林曾攜黃柄洋傘，不知何往，乃於接見賀鳳蓀之後，到徐穗蘭處尋找未得。歸乘三路，五路車已改道，實則泉州街所見十八路亦至台北站。余入銀翼得傘。歸臥，臥起閱黨部文件，磨墨入墨匣。出尋黃曰昉未得，到鄭家同陸再雲談話。今日于院長七十四歲生辰，自立晚報出紅印增刊。再雲又攜鄭曼青詩一冊四卷，有陳含光散文序，曼詩以題畫寫景敘母子情者佳。飯時有莧菜魚羹餛飩及餛飩心蛋餅，又吃包心菜再生芽，味如菜台。八時出，過黃小堂家，遇陸孟益及小堂甥周姓適沈者，余逗小堂同住之□姓男孩甚樂。歸寓得張道藩因有六十人受訓勸維持立法會場信，及黨部勸遵守時間通知。

　　昨下午四時彭爾康來訪，今日下午二時正中書局印國鈺來尋余，擬請商務印書館趙叔誠作一年來之營業報告，余可之。印君云世界書局因學校退書，計算所得稅稅收機關認為罰新台幣七萬，正惱火中。

　　在中華書局得為邱紹仙題畫詩：

十年我夢在滄洲，眼底湘雲是臥游，
碧雨聲中橫翠岫，墨痕斷處是江流。

　　立法院民刑商法委員會祕書黃立懋（字烈夫）五十生辰，將
書懷詩書於小冊子，囑余題詩。余次原韻湊八句云：

五十健如常，懸程比桂薑，
徵來詩一卷，聊代酒千觴；
飄木風兼雨，繁櫻雲外霜，
憑君策輿復，立法整全疆。

　　鐵路醫院黃牙科主任張振書已為洽好，每星期二、三或五晨
九－十時可為余檢治。

## 4月15日　晴

　　晨院會，郭寄嶠報告國防部組織法遲不送院，鄭道儒報告經
濟部組織法遲不送院之情由，嚴家淦報告外匯差額，四十年度無
贏餘，本年一、二兩月看好，但不能必其確有贏餘。下午鄭道儒
答覆質訊，講台糖講鹽，並主以十五元五之美匯價給台糖公司
等，鄭君並釋現政府所採主義為民族、民主後之民生主義，舉數
重疊，口若懸河，有不耐聽者，陳誠未到亦一缺憾。余於十一時
歸，廣東同志謝、□兩君來，毛同文亦來，余同同文飲二盃，同
文贈緞一丈。中午立法院同人壽于右任先生七十四，共九席，楊
大乾等籌備，劉文島致詞，劉秋芳獻花，江一平京劇，丑輝瑛青
海牧羊歌，于先生亦演說作答，外客到張烱、周德偉。余於二時
歸臥，印國鈺又來。五時余至陳炳源家，其後庭新建一屋出租，

為其內表弟媳新寡作生活。七時同憲英至姚家飯，高越天、李超哉、張君及二小姐合飲白蘭地一瓶，食龍鳳菜，味佳。席散，車送憲英返寓，余歸發丁似庵書。

　　丁似庵書係冷欣、衡權、狄膺三人具名，請其撥還楊管北所墊港幣 757 元，以二．五二折算，約為新台幣 1,907.64。清明日在強恕中學，余與丁主席、洪蘭友面商，以南通紗廠餘款撥用。余因此事，在晤憲英前先至強恕中學晤校長鈕長耀，詢知冷、衡已同意發信，信稿寄膺蓋印。余詢惕生先生辭考試院始末，長耀曰遠在年初一總統訪惕老於博愛路私寓，惕以八十歲而為公務員，今年將頒退休法，而惕八十以上尚在位，則何說之詞，云四月中必辭，總統以繼任難得囑留。總統堅欲惕老扶正，而惕決不肯，原本擬以賈敬德為副院長，至是正院長懸缺，賈乃生心院長，此次蓋惕不願居而賈謀之者也。惕年高，壹意為公，以特別辦公及機密費辦小學，人以為不必。而考試委員八人，每人有三萬元之房一所，張忠道已死，而餘人慫惥忠道遺族遷入居住。考試委員既得分院長公費，人三百元，而又招待中央評議委員，冀得選任俸，惕老皆以為奇，事前既不知，事後亦不能責，去之為快。余亦以惕老得交卸為幸，請其出席蘇松太月會，講各縣革命同志回憶。考試委員之桀驁者為盧毓駿。

　　林星平寄來五十九生日述懷，云寶桑有蝴蝶蘭花園，有「蘭名蝴蝶寄樹枝」句。

　　昨報載大法官首次會議，王寵惠致詞，云十九世紀之初，美國最高法院院長馬歇爾對於法律與憲法之關係曾有言曰：「凡與憲法範圍內正當目的相適應之合宜辦法，其不在憲法禁止之列，而與條文及精神不相抵觸者，皆應視為與憲法相符。」

## 4月16日　晴

晨整理桌面。閱報後走僑務委員會賀鄭彥棻任委員長，鄭在行政院開會，未晤。余晤黃天爵、祝秀俠、李樸生。遇青田人自意大利返國之姓留者，云住東德轉捷克，捷克初時無共產黨，後共黨亦漸多，彼等乃離而至意。自意坐飛機返國，有德婦七、八人，小兒均是洋人。余過吳成衣處，又入中華書局小坐。歸飯，飯後臥。徐宗彩求為物資局統計職，余勸其不必。孔繁均及虞麗芳來送蛋糕，云前日鄰居鮮大王吳心明被捕，係兩張之子，非張其昀，一為張承樞之子，太保型，二為張壽賢之子，兩人離台北讀書，頗善用錢。吳為壽賢義子，壽賢似有錢在鮮大王處，子之零用由吳心明給付。承樞妻為夫子廟歌女，不善管教其子，承樞疑心明引誘其子，控吳匪嫌，吳得釋無事，此為治家不正而生意外者。三時余出集立法院財政委員會，陳慶瑜主不審究人民存款，頗有見地。余於五時至凌同普家飯，飯後至孫家打八圈，因吳亮言早歸而罷。前次曾一度同打牌李太太，現同朱一成赴日月潭，其夫則為日月潭發電廠之副廠長，則來台北，李名□□，曾在高雄鋁廠作弊出事，其妻亦寶貝之一，此為台北妖亂之一。

前日過同安街二十九巷，見有一木牌廣告，云本宅犬近日生子，過客切勿惹他。因憶張伯雍云榮元之下女將產時，其姘夫之妻欲向坐婆者責問，其鄰居出而干涉，謂此時不能抄架，洵是仁舉。

## 4月17日　晴

立法院召集祕密會議而中改十時會議，李主任委員入醫院，命余列席。余至中本選旗袍料兩件，趙耀東舉以相贈。入中央黨部，本日會總裁主席，先任黃季陸為內政部長，余井塘祇留政務

委員，次任張茲闓為經濟部長，鄭道儒免。總裁說明後表決，諸改舉手通過。次鄭彥棻報告泰、越狀況，側重於僑教。沈昌煥主立華僑中學及注意僑生升學，及在台北設僑胞行館等。次谷正綱報告難民入境及救濟事。次陳誠報告中日和約條文條約實施地域、今控制及將來控制、我方主張用及／ and，日人主張用或／ or，商議已三日，最為吃緊。次討論立法院延長一年，復舉手表決，此時已十二時三刻。

　　是日余有諧詩三首：

前頭舉手後排聽，經內輕輕換了人，
小鄭漫談吹泰越，不知說到幾時停。

室內無風窗戶嚴，先生便帽是新添，
陳誠前面頃空座，兩院無須峙對山。

日約喃喃念幾條，Ｏｒ一字不相饒，
得簽合約已稱幸，控制全疆慢慢瞧。


　　散會，余隨道藩歸，客室已打通，換了地板，舊時內一間略低，已墊平作寫字處，有櫉滿寫百忍堂標語。道藩任職僅匝月而愁苦憂勞，大現病狀，蓋立法委員優越自尊、不恤國艱者占了上風，經費稽核委員會搜揚總務費用以益委員。前日有所謂研究費者，每月百元，余曾領二百元，又有索房租津貼，云前年所領二千五百元（三千元扣還五百）今已用完，又主張每人領若干，在行政院、主計處皆不可通，而強院長以執行。今日柴委員春霖被壓死，為治喪又討論許多，道藩殊為氣苦。飯後余回。李康五

以晨八時來譚，余閱「中共對學術界的思想迫害」及大陸雜誌，
未往立法院，逗明孫跑路及發笑。五時至雷家，入淡江英文專修
學校觀驚聲堂所落洋灰墁，昨日下午國際聯盟同志會講演，柴
春霖致死，錢穆、田培林重傷。余入中心診所 403、407 於窗口
望，錢包頭仰臥，田坐起，余向照呼，田點頭。又至 514 望李君
佩先生，報告晨間開會情形。出，至俞俊民家訪周六姐，伊打肺
病針治腎，云牙膿亦可入腎藏。自植物園回雷家飯，孝實自辭修
處商整頓煤產回，謂余南□風景好，約余往游。飯後余至秀武處
贈料，伊送余至長安路口，在寄售處購裡子綢未就，坐車回寓。
天氣又熱。陸孟益入中華書局，命余作保。

## 4月18日　晴

　　晨院會，決下午會上午已到之委員不再簽名，不管會場人若
干，三時決開會，下午實行，余聽至五時始離座。徐文英病歿於
香港，其夫張浩然向余垂淚。文英有母有子女在台北，拮据病
中，錢馨斯為伊病中照料，並送上飛機。余至馨斯處，馨斯亦惜
之。文英中山人，祇二十九歲，服務立法院已久而僅為臨時雇
員，為人極好，余亦惜之。上午張慶楨囑撰柴春霖輓聯，余寫一
聯云：

無妄災毀損長才，天胡此酷；
不住悲瀾漫議席，人之云亡。

　　劉振東（鐸山）云下兩句不好，余心緒不佳，未改寫。在重
慶北路逢王德芳，附伊車至華國出版社，方建築後三間房，贈余
王雲五新書兩種。出，余入對面弄堂十二巷十七號訪徐琳夫人，

伊女大寶在家，方讀英國文學史。余同徐夫人走潮州街轉永康街尋洪叔言夫婦，叔言昨神經發，動武持刀，蘭伯苦之，擬送瘋人院，今日平愈。余送徐夫人歸，至雲和街聽朱、張於季久餘破產前押進金飾約三十兩事，嗣同兩張及豐谷打牌，余負，豐谷未算。飯時張葆良供白蘭地，臭豆腐干下酒，十一時後方回，余頗倦累。得邱景桓子宣俤書，附來王樹芳書，囑為覓就。宣俤為景桓第三子，五歲喪父，卅二年秋喪母，上有二兄患肺結核，於抗戰初期先後物故，餘伊及弟妹共三人依外祖母生活。伊初中畢業即失學，在母校任事務員工讀一載，卅八年三月赴滬投軍，隨207 師開來台灣，三年來患肺病，四月一日奉准退伍。王樹芳為伊表兄，景桓是樹芳之表姑丈。

有太倉同鄉青年陸克入軍隊，患肺病，今日來索助，余贈以奶粉一盒、日本魚一盒。其人云與陸穀年較近，亦知以漢、以灝。

## 4 月 19 日　晴　星期六

晨寧園大掃除，桌椅縱橫，余閱長生殿消遣。十時探吳稚暉先生，方赤身臥，近日攝護腺腫，小便不暢，食量亦減。余晤叔禾、儲福興、陳次仲，知先生恨叔薇為日醫治壞，不願赴日本如丁鼎丞割治，且不聽醫勸，有名者不肯來負責，平常者技術不可信。至其寓中事，則出主張者多，能負責者少。和叔之子新以為改過自新，回寓讀英文矣，孰知又竊毛君銀元八百逃走，師中心不舒。余上床前三次，見正熟睡乃出，同次仲入小樂意吃小籠包子。至吳成衣處取衣，歸寓，飯後臥。二時至殯儀館參與柴春霖大殮，北大同學會有公祭。祭畢至王家同陳敏談話，又同郁佩芳說笑，購西瓜與錢、王同食。出，同十嚴、逖先走至鐵路邊，見

郎瑛、趙耀東、張百成車，搭之至端木鑄秋家。晤謝竹存，即謝
健（鑄陳）也，今年七十，既而鄭曉雲、但植之、陳百年、許靜
芝、胡立吳、王□□均到，同飲白馬一瓶，菜味平常。席散，立
吳向百年先生講狄膺偉大兩事，余送百年先生至徐州路。余至孫
伯顏家，伯顏謂畫三與世無爭，決無礙。余坐車回寓。

## 4月20日　晴暖，陰微雨

　　晨閱長生殿遣悶，闌干外玻窗悉卸，闌干新抹，清潔可撫，
綠樹新葉，至悅人目。姚小胖所贈花開至頂端，紅白相間，余顧
而樂之。九時參加憲法學會，聽田炯錦、劉振東及另一講國防統
率之陳君，十一時芮逸夫、李啟元來商余又蓀婚禮布置，余乃
離。至凌家小坐，遇中農館總務之□君。十一時一刻坐莫局長
車，攜酒飲，陳嘉猷夫人四兩齋，孫再壬亦飯兩盃，其餘姚志
崇、邱梁、劉寰助興而已，惜吳亮言不在。回寓，馬光啟、曾昭
倫等來，余已飯一盃矣，光啟來邀移酒席，始知今日為伊生辰。
秦啟文出白蘭地一瓶，不及余在中華飲之加料威士忌，彭廚菜除
魚翅外，火肪微淡，無甚出色。散時坐車候李委員毓華夫婦，同
至士林，觀蘭者趾接肩摩。法比瑞同學會在會客室開會，徐庭
瑚、劉大悲略講演，人擠不開，不能成會，余晤經利彬、謝冠
生、蔣碧微等。四時坐一三輪車緩緩歸，沿山傍河，遠景近景皆
美。至中山堂和平室，余又蓀、曾蜀芳結婚，張岳軍證婚，到
三百五十餘人，余為主婚人四名之一，為招呼至席散，北大同學
到五、六十人。晨俞弼廷來理帳，謂孫得中、周大中觀余所記合
總數支付及對原始證件一毫無誤，始嘆狄君武不但能文章，且精
會計。余舉先母所教一日不懶、一筆不差、一絲不苟之法，弼廷
嘆服。弼廷識畫三，在福建時又識邁櫻，知我有家教也。

得伍叔儻書，為子既安求特准保送台灣省警察學校警官班第十六期受訓，囑余致信陶一珊局長。又叔儻曾約曾伯猷日內到寧園晤余，來信竟云「惟伯猷不善飲酒，實不合大法官也。」哈哈。

## 4月21日　陰

晨坐三輪至中改紀念周，鄭彥棻報告，坐無隙位。余入第七組同續昆山、周啟明譚，知丁鼎丞先生雖割攝護腺，腎病未治，前日曾便血，打針始愈。又譚中央黨部舊人舊事一回。余入楊弼士房，正譚蔣君章發表宋子文使俄訂約獲譴事。郭誠車將發，余同鏡秋及王星周在車上譚王子壯嫂存金黃海公司，黃海擱淺，本利無可得，既經與陳良商議，允借新台幣三千，鏡秋要求一萬。至圓山，今日特種黨部委員宣誓，三軍大頭周至柔等列第一行，總裁講中華開國臨時大總統要求袁世凱對效忠民國宣誓，而袁竟背誓，至民國四年天奪其魄。又如陳炯明不肯宣誓，賴外省人吳稚暉、戴季陶陳紙筆下苦勸，免強簽字，後亦背黨，自食其果。又云黨員歸隊，中央委員不登記者，有人登記而不來，又不效忠者應如何處分耶。於此未論妥以前，余殊不願取消中央委員，此案留待全國代表大會決定，全代應積極籌備，雙十節最好開會。國民黨理論不同於共產黨者：（一）謀全民之利益，決不階級鬥爭；（二）平權均富，土地向來納稅本為國有，私人財產准其自有，但以稅法不使過富。至十一時散會，郭澄云開全國大會云者，是對改造改組之答覆，總裁曾責諸改不專責改造，以改組說上，補足全額，改選一半，以先決定組主任，副主任於主任決定之，曾列決議之第一項，今日則得當面答覆。回寓，衛國垣教授來請致書陳百年先生為伊證明，並託為其子籌鐵路局特別資助醫

藥費事。飯時諸人漸感菜平常，飯乾硬。下午臥，臥起祝毓來屬批案。畢至凌同甫家晤何小姐，同到孫家同姚志崇、孫伯顏夫婦、凌夫婦打十二圈。今日起每人付吃用十圓，輸家只付二百元現款，贏家比例取之，其餘記帳，伯顏輸碼一底半。十二時回，浴後臥。

　　邱宣悌以晨八時來，尚挺秀，可以擔任工作，惟宿處不易覓耳。

## 4月22日　陰

　　晨院會，審計部以四十一年中央政府總預算施行條例條文疑義，請將立法原意加以說明，本院財政法制預算委員會擬說明三點：

（一）第四條既規定應依預算所列數額，由各主管機關切實督促，依期報解，其應提之法定公積金應於盈餘及孳息解繳足額始得提撥，謂是特別法優於普通法，捨公司法而依本條，有民股者仍依公司法及公司章程之規定。

（二）行政院原頒國營事業機關發給員工獎給辦法是行政命定，在本條例施行期間暫停止其效力，年功獎金應依本條例辦理，董監事酬勞應比照員工同樣限制。

（三）解釋流用。

　　終日解釋此問題，余以為管得太多，余未發言。上午十時半之後高安彭醇士來閱余詩，謂讀得過癮，余留伊茶。下午四時後余走華陰街 99 巷一號訪盧滇生，譚文人可以兼武職，而武人不宜兼文官之理。又講大陸之失由精兵出關，山東得而復失。六時半過五條通七號，門停汽車，醫生正用自肛門用銅珠冷罨法使攝護腺腫減退而小便得出，則中謂情殊較愈。余至則中寓，同諶忠

幹、張實甫飯，松山化工廠廚，八大件 桌，甚為破費。余先究五條通七號人物：

| | | |
|---|---|---|
| 馬袁冰如 | 一 | |
| 馮元賽 | 一 | |
| 吳憲臣子媳 | 二 | 三子二女 |
| 陳敘叔夫婦 | 二 | |
| 儲福興夫婦 | 二 | 孩二 |
| 吳和叔父子 | 二 | |
| 吳錫生（即同構）太太 | 一 | 永觀一 |
| 陳凌海夫婦 | 二 | 孩二 |
| 毛錫鎏 | 一 | |
| 吳續新姐弟 | 二 | |
| 以上計 | 大口十七、小口九 | |

稚師意給資後分散，師所有不足十萬新台幣，其中被第三合作倒失者將兩萬。諸人尚未見錢，而俞勗成先受了五仟元，眾人不服。馬太與光啟兒媳異趣，不願就養。馮元賽為俞希稷妻，希稷被毆死，元賽往撫領其外生之子成人，三年前子竊負母氏金三條而走上海嫖賭既淨，現在台為記者，不但不得薪，則月索母三百餘元，有一女亦非親生。馮苦因子荒唐而無依，如分伊款亦必被子索盡。此外又講永觀在基隆欠妥諸事。

俞勗成追余五條巷中，謂師所損失二萬將告道藩，又為和叔子向道藩謀事，余唯唯，恐道藩不易允。又胡博淵又來哭窮，師亦擬給一萬。諸人謂此次治愈後上山，上山最好在五月五日前，同往者最多四人，如師某日樂意人多則可召往，如是則居室較簡單，師得靜養。張寶甫云先生思想極新，行為極舊，又曰先生自己事不讓人管，但別人事則非管不可。因舉民八上法郵船，疑那

日郵船不開，將游航州，到楊樹浦不免匆忙，先生託銅板二長疊在手，見余洋車至即付一疊，洋車夫爭，又付一疊，時船上謝送客，先生則不肯下船，持簡單語與爭，殊可發笑。

則中夫人武進劉氏，生三女兩男，今夜治菓子粥甚香。余出至李向采處，催方肇岳明日謁則中。則中謂松山化工廠有會計不稱職者，擬去之，或有機會用人。余在王、方前未說，知因王、方索問追催，情每急迫，而事之成否天亦不知，不能遽言之也。

## 4月23日　陰

晨起頗倦，閱設設計委員會所送來平滬偽報所登各教授坦白文章，其中燕樹棠（武漢大學法律系教授）1951春被派參加土地改革一個月，又到石首縣作土地改革工作。此明是燕先生所不願者，含有思想改造性質，不知余次子派在皖北作土地改革願意乎？不願意乎？又李良慶（山東大學植物系主任）自承我不應該將錯誤思想毒害青年：

（一）云我對於新生物學尚屬模糊，直至我講授植物生態學中植物社會演替過程裡的競爭問題，才將他改正。

（二）去年六月本系課改大會，華岡校長曾指出植物學中接受米邱林思想的重要性（米邱林控制自然，創造三百多種新的果樹），未曾主動領導。

又李達（湖南大學校長）舉學生七短：一、專學技術；二、廝混資格；三、剝削人民；四、濫費公物；五、自由散漫；六、享樂至上；七、別有用心。說各學生在政治課時作業務課程方面的習題，又說先生故意加重學生的課外作業時間，使學生不得不如此，正是可笑。

謝仲仁來，云王亮疇允作書介紹，余同之往和平西路有水門

汀閘處，過鐵路直行至竹園，為陳宗周住宅，原係僑務委員會宿
舍，宗周以四千元新台幣購一間略修理。余到，出妻女與譚，其
妻天津人，有一女十一歲，小學四年級，長得頗高。余歸寓飯，
飯後略睡。至鄭味經家辭飯，遇陸再雲夫婦及其幼女。同味經坐
三輪車至羅斯福路大眾茶室購茶，並入維康藥店樓上訪錢召如、
楊靜宜夫婦，臥室外燒香供佛。台北香以玉馨堂（臺北橋下延樂
里涼州街）之沉檀香為最，燒檀香先以香末入爐灰中，然後燃檀
香插香末中為最省。余歸，贈血牙色毛料可做旗袍者一件與錦
姪，錦頗高興。復以梅仲先所贈宜蘭白雲莊之金棗蜜餞喂明孫，
明孫亦樂，是時戴丹山來，亦謂好吃。五時半同李景蓬、秦啟文
往錢家同探斗夫婦打牌，探負而婦勝，余負。十一時返寓。

## 4 月 24 日　雨

　　晨戴志鈞同□□□來坐，留茶，譚司法界事不易覓。出，至
黨部，在楊佛士處借到錢大昕潛研堂文集。在紀律會批牘。參加
改造會，討論學生軍訓、軍隊黨員淘汰三百餘人及沈宗瀚為黨員
參加農復會、農會、租佃會、水利會工作，余發言選擇不能不
慎。及十二時半散會，余搭張道藩車至中華書局，同何子星、姚
志崇酒飯，飯後歸臥。錢十嚴來，余在惺忪欲夢中。四時代儲家
昌出席小組長會議，討論不補立法委員案。五時至陳霆銳律師辦
公處，伊方出，未晤及。又至中華書局樓上晤吳祥麟及汪紀南，
同吳亮言及祥麟夫人至火燒屋下吃臭豆腐干，帶十塊至雷家，王
節如做生菜，李夢彪父子來同飲啖。雷孝實將出視察煤礦，須兩
星期方回。夢彪談韋曲酒、徽縣酒，節如談北平茵蔯酒，又談
及懷慶葡酒，孝實有友黃友敏自造洋酒，今夜即飲是種洋酒，頗
不惡。

## 4月25日　雨

晨院會仍討論院作立法解釋問題，今日主席座移至台口，發言及速記移至台下，第一排年高委員受逼，擬空起，道藩笑作說明。余至凌家、錢家小坐，黃曰昉仍無房可以結婚，伊自鴉江街送余至西寧南路。余遇自港來台之史祖鰲，引入寧園，坐窗下譚話，正說所識窮乏，不克周濟等話，袁永錫上樓向余哭說伊妻自十八日起神經病第三次發作，伊已五日夜未睡，無可為計。余為介紹徐銘醫師，不知能在台大醫院得床位否也。史、袁既去，余飯，飯後余閱潛研堂集，摘錄掌故。二時至冠生園，內室坐滿，沈昌煥講蘇俄鐵幕覘真、美國大選觀測及西歐各國狀況。馮簡發三十六年九月在北歐時所見之北極光，伊云天開眼或是北極光，此光與原子研究或有關係。余介紹錢竹汀、王述庵、畢秋帆三鄉賢。點心為馬拉糕、春捲、拆燒飽三種。孫仁懷孕，今日到蘇松太會出四月中伯修在沙溪所作書，伯修在種田，五人種十畝，伊與一子親下田，不得雇工助耕。五時會散，余同陳嘉猷夫人至凌家，今日姚志崇請客兩桌，請在聯合國做事俞君兄弟，有在美所生之女，甚好玩。彭廚菜平常，諸人僅贊美魚唇及杏仁豆腐。飯前後打牌八圈，莊太太勝。十一時返寓。趙祖詒補立法委員案以一部分聯署人變更原意，自己撤回。晨孫道始為陳霆銳來作解釋。

## 4月26日　晴

晨侯佩尹來告謝壽康自紐約來書，詢及余與佩尹是否以古詩唱和，有意用 Sonnet 體而為漢詩開闢新園地乎？Sonney 為十四行詩，分四組，兩組四行 quatrains，兩組三行 Tercets，佩尹以玉樓春及浣溪沙兩闋配譯，甚為巧妙。壽康謂 Sonney 詩體構造、

音韻、意境、章句均極嚴格，貝特亞而卜‧沙士比亞、繆塞均有傑作。此書發表於中國文藝第三期，侯佩尹所寫法國女詩人黛寶瓦摩亦登出，字小而有誤脫，佩尹且謂有妄改字句處，辦雜誌者大半不自量也。祝兼生來候余至黨部，十時紀律會祇馬、謝、林三委員，余為主席，郭登鰲等不予處分及印尼華僑提前恢復黨籍案討論較久，又有二案交余審查。歸寓，因客來加菜，尚得及酒飯，黃酒佳，飯後西瓜特甜。芮逸夫來問介紹黃痔科，狄文琴囑函侯家源，介紹正大營造廠經理吳正他得包美援工程。既而梁慧義來，伊夫潘雨時上訴案高等法院判決原判撤銷，發回基隆地院更審。今日又為作書顧儉德，請其向港務局長徐仁壽說明，請徐從中主持勿入潘罪，並云潘雖一時受屈，亦無報復之意。時雨失就六月，今日又略助慧義以金，伊託為伊夫婦謀事，甚困難也。梁去明孫來，略攜之學步。出搭○路車，遇劉壽朋，伊云聽人云領導便頭痛，領導非帶頭作用乎？共產黨思想、食糧、行動、生命皆控制，效果甚著，我徒襲其名無此事實，不亦可笑。余至聯勤醫院見一孩，十三個月已能脫手行走，惟遇石階則爬行。入俞家，同六姐游植物園，見一鎮江六圩人攜一白頭翁、一紅秋鳥，其人曾住集街，認得朱景之。飯時食老傅大菜，炳光已燒得狠好。飯後尋凌同甫夫人不得，乃回寓。今晨王雅在寓候余三時，未晤到。枕上閱潛研堂詩，記有關字句。

薄相：「延綠軒前薄相回」，俗呼嬉游為薄相。

生沜：「生沜釀醞出新蒭」，醞釀酒見康熙字典，釀字無。

分冬：冬至前一夕飲酒，謂之分冬酒。

糍糰、粉餅：「蜜餌糍糰與粉餅」。

軒車：「木棉收盡軒車鬧」，想是紡車。

團臍：楊涇蟹最美，俗曰雄蟹捨不得螯，雌蟹捨不得臍。臍於

　　　琰切，因壓，蟹腹下也。

閣鮮：「閣鮮一路賣沿鄉」，俗呼海魚新鮓者曰閣鮮。

沙裡鉤：蟹屬，以沙中鉤出，故名。

沈元壽：安定人，募柳耆卿之為人撰歌曲，教僮奴為俳優。見歸
　　　　有光撰朱肖卿墓志。

朱小松：名纓，善雕刻竹器。其子朱稚征，號三松，善仿名畫剪
　　　　盆中花樹。

觿窾：丁滑切，說文穴中見也。

八蜞：「不數八蜞吳中蟹」，俗繭字。

木香醃䐄：「木香花開好種棉」。

牡丹頭：船名。

提囊：棉花盛開像提囊。

相見灣：婁江有相見灣。

撅頭船子：撅頭不知何意。

餦餭：餌也。

（以上錄自嘉定竹枝詞及木棉歌）

越絕對虞初。

嚴龜：「嚴龜食經君未讀，抉眼剮場血出漉」，河豚歌。

漫渥：澤多也，今作優。

張王：皆去聲，「暑已失食猶張王」。

依韋：「秋方當令尚依韋」。

廥：入廥。

雷回篆：「擬摹古鼎雷回篆」。

橘酒：橘，木名，「橘酒三觥傾宿醞」。

擊筑行。

䌫馬：䌫所以繫制之者。

黃獨：「歸來斸黃獨，託命手中鑱」。

滯淫：「木落雁南下，天涯各滯淫」。

磏磏。

打：憎蠅云「散豆不可打」，自注都瓦切，從宋續降禮韻。與門者之者同押。

毗壇：陽湖雨泊。

蕉萃：憔悴別寫。

唐捐：「一笑唐捐日本簪」。

甌窶：「甌窶乾欲坼」。

彫劫：清河道中「瀕河彫劫餘」。

邳：下邳，平聲，支韻。

嫚易：「誰道英雄多嫚易」。

疑（入聲）立：「古松在庭隅，孤榦恰疑立」。

黃緹：「裝池珍重開黃緹」，緹油，油紙也。

烏嵌：地名，見題賞番圖。

咫聞端合傲秅含：上句「狀出南中間草木」。

侲子：「侲子驅邪蒙紙面」，善童也。

銅童：「銅童祀竈爇鐙槃」。

芯題：「芯題兩峰抽筍萌」。

天緯：上天之緯，見揚雄傳。

軸簾：「軸簾真似蜀嚴居」。

人概天概：管子「釜鼓滿則人概之，人滿則天概之」，概，拭也。

已矣對邱墟：「蘭亭已矣，梓澤邱墟」，已矣疊韻，邱墟雙聲疊韻，雙聲自相為對。

陋之對宜矣：庾子山哀江南賦「陸士衡聞而拊掌，是所甘心；張平子見而陋之，固其宜矣」，以甘心對拊掌，以宜

　　　　　矣對陋之，虛實自相為對。

半硯齋：半硯齋記云吳岑渚得高士湯巖夫篆書半硯齋三字顏，
　　　　以為讀書之室之額。既而得斷硯一，背有凡夫十印微
　　　　損，驗為寒山趙隱君故物。凡夫在法螺庵有寶符硯，
　　　　何義門學士曾試此硯，蔣西原編修時年少，為之展紙。
　　　　後吳岑渚過法雲禪舍，則寶符硯與義門之書儼然在，岑
　　　　渚乃買歸。

祠：爾雅云祠之言食也。祠本宗廟之祭，祠於壇謂之祠壇，祠於
　　城謂之祠城。祠者祭之名，而非祭之所，漢志所稱某縣有某
　　祠者，謂祠其神於此也，非指其室而言。

石闌根：通濟門廣惠廟廟門石闌根有門神像，左右各一，甚奇
　　　　古。傍識淳熙年月，蓋南宋時物。石闌根殆食庫門耶。

一束二縫：兩歧麥也，始為一本，歧而為兩，旋折交結，仍歧出
　　　　而成穗。錢大昕曰縫者夆也，鑯銳而向上有麥穗之
　　　　象，兩歧相交，束以合之，故曰一束二縫。

觀文殿大學士：宋時觀文殿大學士非曾任宰相者不得除，端明
　　　　　　殿、敷文閣但有學士無大學士。直學士下於學
　　　　　　士一等。

鄞：以赤堇得名。

文種：楚南郢人，非鄞人。

范蠡內視若盲，反聽若聾。

趙居廣畫：宋宗室能畫者，錢大昕曾見櫻桃黃鸝橫幅，長不盈
　　　　尺，廣半之，覆以長印，不著年月，題云上兄永陽郡
　　　　王。乾道（孝宗）七年八月二十日有賜皇兄居廣生日
　　　　敕。宗室能畫者，如令穰、伯駒、伯驌。

憪然：憪然舉幽屬之謚而改之。憪然，不安貌。史記憪然念外人

之有是非。

前後句韻：錢大昕雙節門銘「越之縣八，蕭山居一，村名大義，
　　　　　汪氏群萃。莪莪綽楔，詔表雙節，雙節誰與，曰王與
　　　　　徐。王為楷婦，繼主井臼，徐實先歸，佐篚相依。
　　　　　夫也飢驅，客死番禺，有姑白頭，藐焉一孤。柩前設
　　　　　誓，有死無二，內闉外侮，百折萬苦。如風漂搖，弗
　　　　　毀故巢，如木枯萎，乃茂新枝。我觀大易，畫卦睽
　　　　　革，二女同居，志不相得。猗與王徐，彼步此趨，二
　　　　　人共貞，以保令名。白璧出璞，其名為珏，皎皎素
　　　　　絲，久而不緇。永興之里，得兩女士，高行足尚，敬
　　　　　告劉向。」篇中除兩處三韻外，餘均兩句後踵前韻。

民以君為心，君以民為體：文選注引子思子，見錢大昕論子思子。

田家：「拗項壺盧街，長身巨勝花」。

宿萬年：琴筑鳴幽澗，聽來不壓喧。

有情花展靨，無事鳥梳翎。

燕筍：「燕子春來抽燕筍」，注燕竹以燕來時生筍。

瞰水：元王子昭詠練川詩「軒窗瞰水宜幽居」。

廥：疑是收稅之糧櫃，說文芻藁之藏。已見前頁。

恆幹：「恆幹久棄」，身體也。

張瞻洛家為桑民懌先生故宅：大理知府張瞻洛墓志銘，所居為桑
　　　　　　　　　　　　民懌故宅，水石竹木頗深秀。

金山縣：雍正初析婁之南境為金山縣，張堰本婁縣地。

居官不受一人屬，居家不以一事屬人：先儒言。

陳雪笠：工繆篆，鐫竹器，為人物山水，入能品。

沈詮字臣表，黃渡人，亦能繪畫、竹刻。

就婿：贅婿也。

評泊。

建炎宿州州院朱記：乾隆癸卯春瓜州浚河，掘地得破船，中有
　　　　　　　　古銅印六枚，其一曰建炎宿州州院朱記。
　　　　　　　　考宋史輿服志，云南渡之後有司印記多亡
　　　　　　　　失，尚方重鑄給之，加「行在」二字或冠年
　　　　　　　　號，以別新舊。又考淳熙新安志，刑獄門
　　　　　　　　有州院，有司理院，州院為置獄之所，若
　　　　　　　　在府則稱府院。宋時官印多有稱朱記者。

桑浦村：安亭鄉之村名。

杜詩雙聲疊韻譜：周松靄著。錢大昕云「同類相召，本於天籟，
　　　　　　　　軒轅栗陸以紀號，皋陶彤降以命名。股肱叢
　　　　　　　　脞，虞廷之賡歌，昆侖滄溟，禹貢之敷土，童
　　　　　　　　蒙盤桓，文王之演易。瞻天氣則蝃蝀辟歷，辨
　　　　　　　　土性則甌窶汙邪。在詩經，伊威蠨蛸，町疃熠
　　　　　　　　燿，崔嵬虺隤，高岡元黃。」

太倉文略：明嘉靖中州人陸子裘（象孫）撰，象孫陸容之孫。
　　　　　始偶桓，訖龔成憲，凡二十一人，為詩百七十一篇，
　　　　　雜文四十一篇。

吳郡：本為吳國，不見於三十六郡，漢以前豪傑並起，後封為
　　　吳國，國大而郡小。吳郡志敘述訖宋紹熙二年。

雲間志：宋紹熙四年，知秀州華亭縣楊潛所撰。唐天寶間立華亭
　　　　縣，宋改為秀州，實兼松江一府之地。

黃浦：非因春申君得名，實滬瀆江黃滬聲相轉，黃渡鎮吳淞江
　　　所經，本名黃肚，見郟亶水利考。

崑山州：元成宗元貞二年升為州，延祐中移治太倉，至正中徙回
　　　　原處。

嘉定：本崑山地，宋南渡始析為縣。

盛涇在吳塘、顧浦間：縱者為浦，橫者為塘，涇乃小小者。

倪雲林卒月：洪武甲寅十一月，年七十有四。

韓林兒：龍鳳四年為至正十八年。

偶桓：偶氏不載於姓補，自署義易，殆其郡望。桓字武孟，生於元季，明洪武中舉秀才，累官荊門州吏目，卒於永樂庚子，官雖不達，足跡幾遍天下。晚年以目微眇，自號瞎牛翁。

方望溪以時文為古文：李巨來輕之，省桐城而曰桐，巨來曰誰知其不為桐鄉、桐梓、桐栢耶。

方學儒云「論人之患莫過於自高，莫甚於自狹，莫難於不得其源」，錢竹汀極愛此說。

# 4 月 27 日　晴

晨正摘錄錢竹汀鄉土名詞，周亞陶新修車來候。到鄭家候鄭味經兄嫂及三子，至中和街，車送諸鄭游圓通寺，余入黃仲翔家、王元輝家，同刁培然譚話，知癢症以柚葉與酒麴煎水洗得愈。余帶去南國包子，諸人食之有味。黃家女傭今午往南勢吃喜酒，做飯十一時已就。余等飯後候車，為芯芯購西瓜半個，車上遇如顏菊仙形之北方女子。入市，自公園下，入大陸理髮。出至凌家，知吳亮言及凌夫婦皆不在。入貴陽街廿六號中信禮堂，與汪經昌談蘇州崑班，既而何福元、方英達攜女來，王鴻磐來，雷孝實夫婦攜女來。雷車往候徐炎之集團，徐等未至，而孫再壬謂凌、陳兩家駕車來候，余不能過卻，乃至孫家打十六圈，余小勝，姚志崇大負。今日莊太太借牌設桌擬打牌，短一角未就，未免掃興。孫房悶熱，不能再延長時間，蚊蟲亦咬人，十時半返

寓。凌銘廿五日自日本返，送來筆及蘋果，云一切情形尚好。

## 4月28日　晴間來黑雲飄雨，偶落大點

　　晨中央黨部紀念周，晤周嵒、劉汝明，此二人與章嘉常做紀念周，汝明且有參加圓山及陽明山。賀君山報告交通營業除盈餘外，還注意人才及器材之保養。會畢，余覓凌廣興未得，廣興旋於一時許到寧園覓余，亦未得。余與祝毓修正李昭歐案決議案，到第三組言之，又送郭案與道藩，入晚並與張曉峯言之。出，至立法院財政委員會戶稅條例，余主閣起。回寓，毛同文來，攜酒往銀翼飯，頗好吃省儉。回寓食蘋果，略休。同同文至樓桐蓀寓，長子往剃頭，幼子患寒熱，房子尚可。歸寓，閱潛研堂詩。五時至凌家躲雨小坐。六時至鄭家飯，以竹筍燉豬肉極有真味。鄭明與怡今日為中央印鑄廠印中日和約得休息，趕夜飯後出觀電影。余尋劉文川，同談龍斌抱孩送余貴陽街。余入女子中學，今晚立監委員黨員大會，張其昀主席，報告原則四項，胡健中報告中改討論經過。次陳辭修報告，致喟於不能早日回到大陸。次葉公超報告，謂和約是悲劇之尾聲，戰敗國於約中求敗得少些，戰勝國於此求補償得少些。我國願以不克參加金山和約不滿，茲簽此和約，金山和約之不必依照者得除外，應依照者還可依照。吾國除放棄日本供應服務之賠償外，餘與金山條約無二，第二條得台澎及西、南沙群島，第四、五條解決六十年來舊條約無效，惟第三條雙方財產別議處理辦法及照會一「適用於現在在中華民國控制及將來在其控制下之全部領土」，以戰勝國而求戰敗國作此一承認，實屬可恥。發言畢，諸委起散。和約已於本日下午在台北賓館葉公超與河田烈簽字，立、監兩院外交委員會召集人手參加典禮，有人評和約尚未批准，立院人不宜往者。余生乙未，為

割台之年，今在台灣得睹此約訂立，已足慰矣。何敬之謂此約成
立，可以裝牙，意極誠懇，余表感謝。

## 4 月 29 日　晴

　　晨往院會，高廷梓提定外賓到院發言程序及紀錄應有規定，
張翰書報告有政務委員答覆質詢之日，宣讀上次議事錄可以在政
務委員退席之後，皆屬改進院務。余出，觀工業展覽，遇沈宜
甲，所陳列無細紗。出，至中華書局慰吳亮言，中本晤張百成，
得含光詩及藍格信牋兩疊，以車送歸。午飯後小睡。三時工作會
議，余於辦事通則發言，羅志希謂余熟悉公牘及公務，予以支
持。五時散，攜酒及龍門居燻腸及燻肉至鄭家，同鄭嫂及明飲。
明及頤送余成都路，余又至凌家晤何子星女，小坐後即歸，略抹
身即睡，枕上成詩四首。


下鄉晤黃仲翔記以四首

忽然梅蕊換秧針，訪舊還看物候新，
杲杲晴炎蒸涸轍，日難一日是離人。


詭云提不起茶銚，放任山妻病後嬌，
襯出春衫顏色暗，滿園開遍有紅蕉。


招手回眸看已痴，分明宛似李師師，
為申小欲耽妖妮，不羨人間冰雪姿。
（車站書所見）

紺宇琳宮已倦攀，登高徒望幾時還，

一椽主客情溫暖，今日來山不見山。

　　李翊民送來居先生與明卿夫人家書，都是在漢口時所寄，當時黨部在河街四號。

　　二月廿八日論四川人，云川中人事情形，我與四川朋友接近，從日本留學起到革命過程見了許多，曉得不少，一張嘴尖刻就令人夠受。至於什麼長不長，我們更要收拾起來，還是拿小百姓逃難的面孔應付他較好一點。

　　三月十六日晚十時許信，云卿怕我學老戴起野心，我實在沒有這副本錢，卿不要著急。家庭就是一個半，子女們就是腳鐐手銬，是沒法跳得脫的。記得媽在日有句話「有兒有女是冤家，但是既在社會做人，無兒無女又將怎樣呢」，此話大可玩味。（信中提及史小姐）

　　四月十五日信，云我們現在為家人後輩作牛馬，過一日算一日，也不能朝後想，也不能朝前想，就是這個樣混世罷了。我曉得卿的心事是與我一樣，也不願在亂世出甚風頭，愛甚體面，不過我們後輩只顧目前好看，比如你女兒天天早上要汽車上學，我是大不願意，他偏這樣頑皮，你有何法制止他？總而言之，我們都是看穿世事，偏偏弄了這多一般子，不能受苦、不能耐窮，其又何法以了之。再說轉來我們一定要他們跟著我們受苦耐窮，他們也不敢怎樣，只是累了我們終日愁悶，數米問鹽亦無法排遣也。（以上三信不發表）

　　五月十四夜書，云做媒做保自討煩惱，這是事理如此，須知「煩惱即菩提」、「忠恕違道不遠」，母以此灰心也，生心不生心亦是一種感應，汝說我口是心非，是汝生心，我說我心是口

非，又是我生心。凶為我怕汝生心，汝又怕我生，可見汝我是心也。佛言不應住色生心，不應住聲香味觸法生心，應生無所住心，明乎此，則只有生好心而不生歹心，總之皆菩提心也。

三月廿八日書，玉墀說我們房子弄得精光，這是倭寇與順民給我們一個背水陣，讓他去罷，有什麼可惜呢？四舅死難也算是國殤，請他有便調查事實，我們來替他表彰。尼姑託卿找房子，那再好沒有，不要嫌麻煩，天下事沒有不麻煩的，一個人吃飯睡覺已經夠麻煩了，還有許許多多，不能說麻煩而連飯也不吃。

## 4 月 30 日　晴

晨祝毓、姚志崇、侯佩尹來譚，余不及往立法委員黨員大會，聞為延長任期，下午還在討論，正大可不必也。鄭味經午時來送素菜兩便當，李子寬來送已編就之居先生談禪集。下午略臥，二時至植物園林業試驗所樓上開北大同學會。先整理理監事候選人名單，監事合現任者提二十人，理事五十餘人。次討論五四日在錦江開會秩序及敘餐收費諸事。四時何子星車送余凌家，余初覺肝痛，打牌後稍平。余打五索包孫太太一付，結果略負。十時返寓浴，兩腳竟有許多垢泥。席裕同來，謂蔣君章所發表為大溪密件，攻者欲擊陶希聖，乃傷及君章。余雖不發表文字，無此顧慮，但布雷已死，君章獲譴，不免傷類之悲。問君章此後將賴稿費為活，而病眼之後視力不濟，殊足念也。

## 5月1日　晴

　　晨侯佩尹來述文藝獎金會閱稿，前日得醵請，啤酒大砲台翅席，殊暢。余與同入立法院取薪，財委會正開會，余未參加。同往老松小學前偕鄭味經逛衣攤，佩尹得桌毯之可改窗帘者，余見一香玄紗長衫，尺寸殊大，還一百元未成交。逛畢，入觀鄭明，今日五一節休假，葉端若妻今日拜南亭為師，味經留夜飯，明正揀蔬菜。歸寓，以酒同劉鼎新臨園南窗飲之，飄風吹面，意境欲仙。邵介堃講杭州西溪尼庵素雞燒法足以下酒，余食昨寄存冰箱之臭豆腐，亦美味也，飯時食之淨盡。飯後臥，三時走車站東往士林，車上遇大悲夫人，下車入佩尹住房，為設計隱蔽及防賊之法。入大悲家略飲茶，在陳子仁室飲茶，得觀羅安琪所得蘭花第一金像亭獎，子仁云共往賽凡蘭約二十餘種，此為團體獎，非為蝴蝶蘭個人選手也。六時出所，自佩尹屋走小徑往來，余戲唱「一把蒲葵搖僻境，誰知赤腳是詩人」。歸，至雷家，雷媳開門進茶極恭，雷孫女同飯，極好玩。孝實為余合乾琴威士忌及冰一盃，望之為備千張，差足樂也。飯前並陪濰縣杜君殿英，謂民五居正革命，以試院為司令部，收集土匪為軍隊，土匪頭子旋為張懷芝所收買，成效不佳。飯後攜黃友敏所造酒一瓶及項蓉舊鞋兩雙歸。在舊貨店訪夏衣料，未得。

　　夜何子星請鐵路局平劇社各票友酒敘，酒後開弦清唱，薛冰略肥，盧智身上不瘦。關文蔚上樓，云有自編蘇武京劇本，請余一閱。余得改造會通知，謂八時半開會，費副局長車送余至中改，立法委員小組長均在。余主照去年咨文回覆總統，總統儘管說延期一年，立法院儘管繼續行使職權，到明年再說。余戳了一槍就走，不知結果如何也。余聽了江一平、彭爾康、張其昀、張道藩四人發言，余鄰座齊世英、劉明侯皆囑余發輕鬆之言。

## 5月2日　晴

晨院會為延展任期，程滄波主開全院審查會審查，滄波即任審查會主席，有不服者。下午再往，知仲肇湘、齊世英、胡健中商一決議案稿，謂在下屆立法委員產生前當繼續負責云云，余主無甚問題，乃出。同許君武坐車至和平東路，余同毛震球父至顧儉德家晤洪叔言，瘋病作，已四夜未好睡。朱人德在台大為勞動服務跌傷，背部潰瘍，余留片介紹徐銘診治。余出，至金山街毛家，見震球優秀工程師獎狀及其九歲以下之三男一女，震球婦寧波人，又懷孕。至雲和街，沈君自香港來，為余帶海昌藍布及白蘭地，既而夏、張諸人至，共一桌。豐穀所植蕉結果，食之甚甘。余得讀沈階升書述正中內狀。八時往香伯處送利，丹山往高雄，坐車攜酒歸寓。

晨方起身，金生麗來述伊已脫離兵工試驗所而入基隆江浙反攻幹部，尚未開始訓練。八時佩蘭來，贈以衣料。二時劉象山來，謂台灣省主任委員換上官業佑之非，省黨部工作人員意已懶矣。余問及羅秉中案，伊受反對黨賄出賣本黨祕密，應予除名。四時余入外交部謁葉公超，伊星期晨往烏來，不克參加五四紀念會，云日本共黨昨暴動，今日勢尚未熄，保障安全法提出兩次，國會未通過，國會中共黨議員尚活躍，前途未能樂觀。

## 5月3日　晴

晨赴中本晤朱品三、張百成、趙耀東，又出新出重派立斯，淺藍色，甚美，又贈余袍料一件。余入立法院，略聽文群中央銀行法原則報告，竟欲刪重貼現第一款銀行承兌票據，劉明侯以調劑金融為理由爭之。十一時余坐中本三輪返，跳而下，將鈔票及存單落於寧房承雨亭下，賴周君見之照呼始得。夏衣薄，不宜

袋錢包，後當注意及之。飯後略臥，即至蔣君章寓略譚，伊大人
合肥人，伊崇明島最東□□鎮人，為徐士達之學生，伊父考太倉
州進劉河港也。出，至杭州南路候孫伯顏夫人至中華書局，余至
李向采家，知晚上請溥儒（心畬），尚無酒。余再至中華書局候
陳、孫兩太太，至凌家打七圈，志崇來代。余回李向采寓陪溥心
畬及其夫人李氏，及省政府張參事、徐先生同食水餃，心畬云碧
潭過橋山東館者佳。畢，余至凌家打三付，結帳余勝。陪志崇西
瓜大王，遇邵介堃及其表妹，來食西瓜者無隙地。歸浴，得東京
朱葆初（福元）來信，送來茶壺一、茶盃五 𣆶 𠆢 款、蓋盤一、
竹絲盒、茶托五、茶壺托一。伊姊夫因代表團裁員已被裁，伊每
日工作需十二小時，精神頗為愉快。附來王文華護照，托余向外
交部申請展期。又得紐約秦滌清書，伊在中蘇絕交時奉部令自莫
斯科撤退返部服務，經種種困難始得離蘇，到達瑞典後又奉部令
留職停薪，往英國不受歡迎，乃改入美國。美國所發給者為游歷
簽證，例可居留六月，並可再請延期六月一次。自韓戰發生後，
美國特准暫留美國，現暫在工廠工作。伊希望得研究工作，願對
未來之復國運動有所貢獻，其他則非所計也。晨間又有宋文浩持
侯攜人信，囑為青浦同志王伯順、姜耀文設法入境。今日報載立
法院議決自說自話，在下次立法委員選出集會前繼續行使職權。
余笑謂照西洋辦法此決議可以，照中國退讓三分則不可也。文中
對行政院一字不提。又中華書局陳霆銳阻礙登記，經江一平擬一
華九星承認陳霆銳是董事，希望指教函。又江一平致姚志崇函，
謂此信發後陳霆銳決不再起風波，由一平作擔保。孔庸之、李叔
明自美來一電，徐士浩自斐律濱來一信，皆委託志崇，此次余為
股東呈首安定中華書局，陸費伯鴻民十託照呼之意得以稍盡余
心，志崇近日亦辛苦矣。

## 5月4日　晴　星期

　　晨六時起，至老松小學前觀衣攤，竹架棋布，最勤者方懸衣上桁。余歸，過凌家，同甫夫人已起身，為余煎蒸餃十隻。余歸，擬再啜粥一盃，盃盤狼藉矣。施振華來坐，告伊母氏辛苦，不宜遽行伊志。莊前鼎來送時花一束，謂獻於五四行動領導者。侯佩尹來商定明日到士林晚餐賞月。余同振華走至銅像台，余折入錦江，今日北大同學舉五四紀念會，蔣先生來主席，云中產階級破產，農民運動未作，五四雖有貢獻，今日之局蓋亦不免，宜注意科學民主以建設國家。次吳靜講原子彈炸地廣島、長崎災況，廣島一份鐘死三十萬人，長崎死十二萬人，白色衣、靠山近水處、鋼骨房受災較少。次講原子彈所成之病，性力減退，皮膚變形等。次講日本教授學生難苦，肯集體研究，多所發明。次講日本死亡率，腦病、肺病、心藏病、癌病等。其結論云盡誠盡能，以迄成功，是五四精神。次孫德中報告會務。次擬選舉，眾主再延期一年。次開飯，十三桌。有同學泗水陳秉公自陳貧病求助，每桌自由出資，共集得九百餘元。一時散會，余等至凌家打牌。至三將乃飯，食林彬贈志崇之膏蟹。十時至鄭家關照，鄭明明日往士林同玩。回寓，念五四當日豪情今已淨盡，而國家事正擬努力。黃振玉今日穿五四當日黑西裝，並五四照片，余與段錫朋、陳邦濟、謝紹敏等合影，惜不易認清。又有趙家樓起火兩照，不知伊於何時攝之也。

## 5月5日　晴

　　五五紀念兼擴大紀念周，張羣主席，葉公超報告。報載將講日本和約，聽者滿堂。葉講民生主義之要義為公益、空氣、水、麵包，各國政府皆注意使無受匱乏及不自由，反攻後本黨宜注意

此節。余坐張維翰、張岫嵐、趙守鈺鄰近，見施復昌譚及何芝園事。本日仍依紀念周秩序靜默論理，應為慶典從吉禮。散會，從人至黨部批文。至第七組與續琅譚陳家泅為專任否之批薪問題，陳昨持徐中嶽片來尋余託關說。余同郭鏡秋談游彌堅弄出之國際大戲園之收回問題。十一時至圓山，總裁講二十八年五月七日所講三民主義體系及表解，致慨於廿七、廿八、廿九、三十、三十一，五年錯過機會，放棄訓政，如當時認真訓政，共產黨不會滲透。今已行憲，但憲政工作可仍做訓政而為行憲之準備工作，至反攻則為軍政，軍事到達之日即行訓政項目，當無反對之者。十二時半散會，余至中華書局飯，吃膏蟹。飯後歸，侯佩尹來，郭鏡秋來候，同至中心診所 518 探陶希聖，右腿再接骨，面容尚好。錢穆已在門口納涼，李君佩胃口尚未開。三時至徐州街法學院，中改請立委黨員同志譚話，立法院繼續行使立法權之決議案與總統咨文原意見未能完全符合總統手令，張祕書長云余不為違法，總統並在任期內不讓任何一院有有背憲法之事，倘立法院不聽話，則任何後果由立法院負之。會前決定總統再作第二次咨文了解，立法院之決議為延長一年，列入明日報告事項，立委以不言語，由院以無異議咨覆總統，在場發言者陳紫峰、魏惜冰、胡健中等。余以四時半返寓，逗明孫行路，余自樓上呼阿明，明兩眼尚不知往上望。余五時三刻同鄭明車至士林，參觀新蘭亭，觀魚設席九重葛下，飲啤酒半打，子仁、大悲夫婦皆樂。在草地食西瓜，月色朦朧，停電時往下觀，地面已頗有月光。九時歸，坐於草地，得立法委員黨部 1065 號代電，告黨員明晨到院，一致支持打消提付討論三點，余明日靜觀自得。晨紀念周前同□□□恕園茶。自法科回，北大同學陳秉公取去一千元，陳似有嗜好者，不知有別情否也。

## 5月6日　晴

　　晨為錢劍秋書王吉源箋以錢竹汀詩三首，新試凌銘所贈日本筆，尚合用。九時至立法院，讀總統第二次咨，謂本案原係咨商，貴院贊同將由第一屆立法委員繼續行使立法權之期間再行延長一年，茲自當照原案辦理，除分行外相應咨復查照。讀完眾無異議，且有一陣鼓掌。有怪總統認真太過，有說中改宣承未善者，大多數認為可羞而不大祥和。余當日怕人反對，未在院會發言，亦嫌勇氣不殼。余離院，至凌家飲茶小休，飯時王企光來奕飯，余添龍門居燻肉、燻肚，王云以肚為佳。飯後臥。鄭味經率澈來，銓敘證件不足，竟將停止任用，余為作陳舜耕、束雲章書。潘時雨同妻及幼子來，謂顧儉德已協商局長，謂恐仍得罪，伊差使已停。現代英文月刊發行人程石泉來，謂發行三千分，每份實得二元四角，恐將賠本，余勸以加中文消息報道及有趣味之記事，並加華僑消息，消數可以加增。侯佩尹來，同出食西瓜大王，並在台灣戲園觀亂世佳人，觀至兵火流離，家園毀壞，母死妹病，余不禁泣下。七時至鄭家同陸再雲飯，今日燉醃鮮味不佳，鄭澈遭意外，大家悶悶，余設辭慰之。自老松校前走回，右腳大指昨日全身撲地跌有紫印者，至時始不覺痛。今日見立法院便心煩意亂，下午特不往，聞院會祇到四十餘人，討論遺產稅法，劉文島亦云情緒欠佳。

## 5月7日　晴熱

　　晨修書覆余天民，謂蔡子民師葬地如發生改為商場問題，則就香港覓地遷移，台北同學亦當捐擔葬費。又覆劉懋初書，告以入境證無法代請。寫畢叫劉荷生來送出。十時到凌家晤丁太太，農林公司人事處處長之妻。飯時略飲酒，中央所得緝獲之走私酒

兩瓶白乾頗有酒力，今日已罄。廚房做蔥炒蛋，惜蔥不焦黃。飯
後略睡，未穩。二時至凌家同陳嘉猷夫人、凌太太及姚志崇打八
圈。飯時有子蝦極鮮，鹹魚乾燒肉、冬菇蝦子、豆腐腰丁、腐皮
湯，飯後食冰木瓜、杧果。余至中央黨部，今晚開會，列有紀律
郭登鰲等免予處分等案，後因討論正中請統一發行公民課本，及
以上官業佑為台灣省主任委員兩問題費時頗久，至十貳時四十分
方回寓。胡健中說威望不能常用為孤注，張道藩、谷正綱云要顧
全立場，不能於選舉之黨部派一委員，余云自亂其例貽人口舌，
而張其昀說總裁已如是決定，李友邦之叛逆足以痛心，且派一主
任委員並不否認台灣省黨部之選舉地位。最後張說總裁有何罪
惡，胡說嚴重請張修正，余不能再待乃回。

　　得寓居塔克薩斯格爾文斯東之徐景薇書，謂近日忽有所謂
「中國說客 China Lobby」事件發生，陳之邁兄捲入其中，已焦
頭爛額。此事半係民主、共和兩黨之爭，半係對我不友好者從事
宣傳，對我大有影響，可嘆可恨。

## 5 月 8 日　晴，下午陣雨

　　晨赴中央黨部出席中改會，為上官業佑問題，總裁竟問谷正
綱是不是不要台灣省是正式黨部，汝於全國代表大會有所存心。
予主張派上官業佑指導台灣省委員會、代理主任委員職務，蒙主
席採取，眾人有謂余高才者。余意免倪文亞主任委員，當云查
該員未能審慎防奸，原有應得之咎，但查其他成績尚屬優良，姑
從寬准其辭職。次討論青年反共軍訓，竟得於十二時之前散會。
下午睡未熟，有何仲簫送陳果夫年譜稿請余再閱。余閱李鴻球送
來謨棟之同事長沙蕭澤（宏甫）所作黃花淚傳奇，蕭成純伯為之
正譜，於民國成立前之革命史績逐一寫述，雖非一事之原原本本

不便排演，而情詞慷慨，史實提亞，閱傳奇者頗足感人，其填曲不盡合律，喜作較長之駢句是其所短，余擬為再請汪經昌閱之。三時至同甫家，其夫人往圖書館尋何小姐。余至中華分館尋吳亮言不得，入立法院，財經聯席因人數不足流會。余乘六路至錢家晤十嚴、逖先叔姪，時正陣雨，講家鄉趣事一陣。回雷孝實飯，今日陰曆四月十五日為王節如生日，吃蛋糕及爛汙麵，飲酒食蟹，余與節如雙握手為禮，旗人於喜慶親家四手於胸前相握，振動上下為禮，余在北平見之，故以此逗趣。孝實此數日同袁師汾往瑞芳探礦坑，衣服髒逾工人，今午竟因電斷懸於飛車，但樂此不疲，謂如好煤得運日本換外匯，次煤得改良充用，則可增收益□□□美金。飯後，余至泰安街六巷四號朱虛白家，同王、錢二太，余代陳敏打牌，至十二時散，余負，出美金三元。虛白母八十以上，虛白夫人陪他講話，順水開船，牛頭不對馬嘴，聽之發笑。虛白所領女白皙知媚人，又有一貓陪虛白母。

## 5月9日　陰

晨張志韓來，囑未及歸隊請勿處分。凌同甫來，囑函莫葵卿有貨運服務所青年職員尹智宣繳價車稅，以購進之節約儲券充數，冀得餘利，發覺記過，局中再將重罰，求保留飯碗，余亦托其注意鄭澈飯碗。九時三刻至立法院，道藩云恐有流會之虞，但未幾人數已足，但大眾自受悶棍之後，情緒低落，程滄波等不到院亦有人注意談起，有謂正查速記錄，將處分人，余謂不如其已也。昨上官案今日報未載，恐又有變化。余見莫淡雲今日豔裝。余抽暇至陳含光畫展一觀，見所寫山水畫七十餘幀，以尺頁仿雲林者一方為最。余遇楊先生，知狄億識楚青、芝生，含光講曼農題惲壽平花卉冊題真畫價。余乘張默君車返寓，稍休即飯，飯後

正臥，侯佩尹來，同往中華路購三元五　碼之綠紗蚊帳布可為窗簾者，又至國光對門吃一塊五一片之西瓜，頗有女客，一女侍招呼顧客，有小咖啡女郎神態。余等又一望國泰秋戀影片，以時光不湊巧未入。余入立法院參加下午之會，時已近四時，東鱗西爪祇四十餘人，魏擇言與趙□□爭在鄉軍人名目。余稍坐，即至雲和街豐穀房沐頭洗甲，聽王君譚第五合作倉庫破產狀，伊為監察，有債權人告他，有非債權人而居其名者，律師往往作鬼。飯時有露豆腐干。飯後同梅誦先打八圈，余小勝。得鈕長耀轉來丁似庵書，楊管北墊款已商得洪蘭友同意，由大生保管項下撥到新台幣一千九百〇七元，特已轉奉云云。此事至此算有結束，當時持由管北墊了便算了，余不肯，為公家出力之人，不宜使之灰心。

## 5月10日　晴

　　晨赴立法院，聽金紹賢提新台幣及外匯管理應由中央立法，行政方面嚴家淦、張茲闓、任顯羣、王鍾、尹仲容等坐滿一排，委員陣勢不敵。余喜語夏濤聲，文武官員至此下馬，前人已悉官員對立之事。至於金案之處理：（一）需譬如台灣不能歸還；（二）反攻在即，應加緊準備，本提案應請行政院送書面意見。十時余至正中書局，明日商務印書館在鐵路飯店舉行談話會，中央財務委員會前購得郭健股票，讓與正中，余被指定為代表，今商議作一準備，余晤李律師晉芳及張梓銘、吳秉常、印維廉、蔣孟樸等。出，至中華書局同陳嘉猷、孫再壬飲酒，在中華飯，飯後至凌家打牌，飯時吃子蝦、凍雞甚美。十時畢，出至西瓜大王，桌地水潦氣逼人，西瓜無佳者，乃同吃麗新餛飩。步月歸浴，閱三十六年四月後舊帳冊，悼念穎姊，難以成寐。

## 5月11日　晴

晨方起，李翊民來，云台中尋得居先生稿一百三十餘件，孫鐵人正編年譜。叔寧已得美國獎學金，正上書總統告知其事，希發旅費。余檢點書件發現蠹魚，施振華來，托伊整理殺蟬。余至俞五家，同周六姊麵包，昨伊為煮燻黃魚、滷肚，余曾試食，譚張九香夫人娘家董姓被共黨逼去港紙八百萬元。過植物園，遇廣東文德圖書館同住之郭錦綸，云伍伯良前月在東校場被生劏死，歷四小時，家屬環觀，可謂慘極。出園，訪陳桂清不遇，入徐炎之家小坐飲茶，又在陳宅門前遇任卓吾、黃仲翔夫人，正往臧啟芳家飯。入鐵路飯店，今日商務開股東譚話會，到三十人，王雲五主席，議每半年開譚話會一次，股東中組織一計畫委員會，推王雲五、趙叔誠及余，一個月內提名再開譚話會決定及借發股息諸事。十二時食大菜。二時返糖業公司，同王洸最早到，沈元雙夫婦已自碧潭返，元雙倦欲思睡，三時起始唱，各人一段既不精采，游園、卸封、刺虎整齣亦平常，張穀年、周雞辰為值日，穀年畫于先生觀濤照，雞辰帶來小對，係其女一新所裱。五時食茶葉蛋，乃同陳嘉猷至孫家飯，前後余祇打四圈而返，送陳嘉猷夫婦車向北行，涼風送爽。

## 5月12日　陰

晨晚殊悶熱，不能蓋被。七時起身，葛建時來坐，伊將調臺北工作，云陸軍大學校長四川羅有倫及江蘇同志屬□□均人才。余同之赴三六九麵，一無鮮味。入中央黨部晤朱耀組，知上官業佑案星期六已發表。晤鄧副主任，云不登記未納入組織處分可以，但需開一活門。晤楊佛士，交伊孫師鄭詩，並請三十日蘇松太月會來講翁同龢。紀念周崔載揚來講總理知行並重學識之進

步、教育哲學認識論、本體論等，廣東音，又加所講惟物、惟心、主觀、客觀，聽者未能明白。錢公來竟指其未講總理遺教，遷責司儀呼鞠躬太快，靜默過少，謂係主堂，馬虎不得。余出，同崔至政府發言人辦公室送黃花淚與汪經昌，經昌尚未上班。回黨部，郭澄車已行，送崔回寓，余歸寓，得暢便。

九日報載監察院糾正案，謂物價上漲措施失當，請行政院注意改善，其中頗有參考材料，錄之如下：

（一）台灣物價較三十八年六月十五日改新台幣時上漲六倍餘，其中印書紙漲十四倍、香煙十二倍、糖十一倍、細布九倍、麵粉七倍，去年較前年上漲百分之五十。

（二）本省產業 70% 屬於公營，經政府核准上漲之產品甚多，政府實領導上漲。

（三）製成品之漲風較烈，於農產品農人所受之打擊甚大。

（四）公教人員之薪金未隨物價調整，一元之購買力已跌成一角六分。

（五）去年吾國所得美援物資五千餘萬元美金，本省主要物資除一、二特殊者外，產量大都增加，通貨雖經膨脹，然新台幣之發行總額 3,300 萬元，黑市利率已下跌，國內外形勢更為有利，是物價不應上漲，此實為主管當局政策不定、辦理不善之結果。

（六）所得稅之徵收是否超過各業之實際負擔。

（七）據台灣銀行之報告，以本年三月卅一日為例，該行對公營事業之貸款共計新台幣五億三千六百萬，美金一千九百四十萬，平均利率一分厘，與優利存款較其差額為三分三厘，故國家所貼補之款，月約為一千四百餘萬，年為一億六千八百餘萬元。

下午至黨部，知此一糾舉案惟聯合版登出，黨部對聯合版曾加警告。下午之會紀律各案得通過，又組織政黨政治研究會，皆立法院委員。余歸，攜酒至鄭家飯，朱歐生攜皓赴高雄，余攜怡至寧園觀電影，怡十一時方回。

夜修致俞鴻鈞書，奉還財務委員會陳俊傑在香港所借亞東銀行自港至渝飛機票港幣肆百元，照結匯證價 2.51 計算，為新台幣一千〇〇四元，信中略述余兄弟照應上海愛國青年陳俊傑經過。

## 5月13日　晴

晨赴中央黨部還款。到立法院略坐，竟日為違反糧食管理治罪條例。余回寓，史祖鰲以飯時來，余正食邵介堃帶回之蟹虱，海產，八足扁，子從腹下出，似蝦而尾灣入反面，形似臭蟲，大至半斤以上，肉細，供啖甚美，余藏兩隻供錦姪。下午三時中央工作會議又往出席，又往立法院小坐，晤倪文亞，知開支已付至五月底，餘款一百五十萬，游彌堅所持之國際大戲園月入八萬元，省祇津貼三機關各一萬元，可以收回總理紀念館，正打官司，如允津貼，住戶亦可收回，十六日與上官辦交代，請余說句公話。總裁曾召伊，撫慰備至，且囑以扶助上官，伊昨已轉告黨部同人。余又遇武誓彭，云關於延長任期案，悔不聽狄君主張以去年原文咨復。余歸，錦姪未到，至凌家小坐，即至鄭家食厚皮餛飩。食已，同味經逛衣攤，無所得。歸途至黃保昌家，可考少校而舊年資有三年不算，頗為吃虧，伊母又病，筱堂今日尚未返家。余走回，覺背脊酸累。

晨自中改出，遇陳定山回車，隨伊至伊寓蕭齋，讀伊和周棄子毛韻四首，周原作較佳。又見日本王荊文公集及複印磨砂版杜工部集。伊治房頗精，余小坐即出。

味經語我軍裝布上身者與貨樣不同，蔡斯大怒，主管人員獲譴，已關了十六人。余詢在軍需署服務之黃保昌，保昌云並無其事，足見台北有人造謠。

## 5月14日　晴

立法院祕密會議，竟日不往，所論者為對審計部卅九年中央政府之總決算，結果送回預算委員會整理，提報院會決定後，送請審計部查照。上午余閱潘光旦及茅以昇之坦白文字，茅文且受共黨批評寫者卑鄙，評者蠻橫一無是處，余閱之氣悶。至陳嘉猷夫人處，亦有榮昌夏布，請其量衣作短衫。歸，至黃家食豆瓣湯一盂，至凌家又遇丁太太。飯時在寓吃一碗，再到武昌街黨部應張道範院長招宴，皆較年高者，江蘇束雲章、苗啟平及余，安徽李應生，江西文羣，河北王秉鈞，廣西曾彥、雷殷，共兩桌，一桌李中襄作陪，菜差可。飯後臥，二時半至裝甲之家飲蕭自誠茶會，尚無人管簽名，足見招呼之人不敬其事。余至陳逸凡寓，同俞良濟、林太太打牌，十時散。逸凡夫人靈敏，多管事、多說話殆是病因，一女肄業東吳，穩重有致，飯菜以豆芽老豆腐為佳。

## 5月15日　晴

晨至黨部，胡希汾述俞鴻鈞云君武非富有，錢又非他自己所用，還款不受。余於中改會晤俞，語伊以收下為佳。十時中改會，總裁不至，蕭自誠主席，總裁目力減退，張其昀勸大家多口頭簡單請示，少上簽呈。今日第五組寫立法院委員延任經過報告，又有發言紀錄，張道藩因湯如炎所發言測伊之辭離事實遠，主張在湯發言後加附注或由湯修正文字，而袁企止云前一晚中央召集黨部委員及小組長談話，商文立、彭爾康所發言詞或過情，

予亦有記載，不擬使總裁知之。余寫一紙條與袁，此事已成過去，事情報告及發言記錄，總裁不問不必送呈云，袁坐對面頷首云。是時正討論建築會堂，陳誠持不可。余退出，至凌太太處飲茶。飯後臥，閱何仲簫陳果夫年譜二次稿。五時至雷家，六時同雷、子、媳、女、孫女飯，七娘為備臭豆腐，惜量少耳。自總統府前行，見樹開黃花，有綠毛毬者，問曾劭勳，多不知名。入燉煌書店，見羅寄梅夫婦所養小鸚鵡及黃山娘子。在車站搭七路至錢家，余初欲練習無奇不有，自後打老法十二圈。同探斗同榻，探斗常翻身又作嗽，余不易入睡。

## 5月16日　晴

六時醒，睜倦眼起床啟後門，在二女中前得三輪車歸寓，寓門未啟，老劉開門，重上床合眼。八時半至農民銀行還何仲簫所寫果夫年譜，到立法院以戶口名簿及身份證定配給布五碼。立法院院會，何景寮爭台灣秩序佳，無屯積米居奇之風，日佔時代最重為徒刑三年，穀政府收買。張慶楨上台講輕刑重刑通論，甚暢，余亦主減輕去除死刑，最重自七年以上起，卒付審查。十一時江蘇委員舉資格審查委員，眾意多屬余，余請舉別人，不往選舉處所。至凌太太處茶。回寓飯，飯時幾吐，昨夜失眠，今日多飲濃茶之故。飯後臥，施振華來，適空襲警報大鳴，云有敵機三十餘架侵入，余避入防空壕中，鄰居攜老懷幼而至，有極恐慌者。半點鐘後解除，振華為搯背，余得入睡。睡後胡光炳、林玉存來，囑批公文，云綜合報告可否三個月一次，余謂如無適當材料，則每季作評亦可，如有之則批評之亦可。四時至郎醒石夫人處，見郎瑛所生二月女、趙耀中所著化工熱力學。耀中妻何美珊所作山水仕女筆致秀整，可造才也，係溥心畬之弟子。食燒餅米

末後出。至豐穀處讀沈階升書，立大為階升工作蟬聯稱余古道，階升又述潘公展在美失國務院研究津貼，在美將感困乏，腦昏體弱，將以全國代表大會時歸國。飯時客多菜富。余至秀武處約伊明日至凌家，而余擬不往夜膳。秀、岳送余至鐵路，余等曾入一寄售店及何成衣處，一無所獲。過中華書局，陳嘉猷擬贈余直羅及夏布長衫，腰身嫌小，余謝不受，嘉猷夫人正為余製夏布小褂，一匹竟不能做兩件。余送嘉猷夫人上十二路車，月殘半餅，風暗溝街，余慢步走回，極清適。錢中岳來尋余，贈以墨。

立法院會議議決無庸設立調查國有財產研究委員會，而咨請行政院清理之。此為財政、經濟、內政、國防、外交、預算六委員會所提者，得此一棒喝，支離之說可息，余愧未出席，足見同院自有勇者不懼之人。

## 5月17日　晴

晨閱錢竹汀潛研堂集，名箴云「下士逐逐，惟位之榮，上士汲汲，惟名之矜，臧穀亡羊，其失則均，汝不茲悟，而昧沒以終身。與今人爭名，命之曰躁，人其嫉之，與古人爭名，命之曰妄，天其忌之，戒之哉。」又兩馬「赭白者日贏二十里，主人才之，被以黃金鞍、錦障泥，異槽而飲，出入射獵必以從，閱二年而死。又有青馬鞭之不前，乃舍勿乘，更二十年，終於櫪下。後夢青馬告主人，曰吾與赭白皆凡馬也，力之所不及，吾能安焉，黃金鞍、錦障泥於吾何益，吾故不肯窮極其力以殉之，彼強力求勝，傷其天年。」錢先生亦有感而言，又設為「廄吏曰青馬非知命者，生之可樂耶，榮之可樂也。」余年已望六，不竭吾力，將焉用之，興復有責，苟活奚為，終必得當以報國耳。十一時余至財政部訪濮孟九、陳慶瑜，皆未晤。歸寓飯，飯後臥，劉和生來

槌背。二時半候孫秀武不至，乃至凌家同姚、陳打十六圈，十時返。得王雅書，云端節將來台北。得何芝園、毛同文書，約明晚赴溫泉路 102 號吃紅燒肥鴨。余近時吃飯不少，而腹中常覺枵然，不知何故。

## 5月18日　晴　星期

晨洪亦淵女西恩來，同出往三六九麵，無鮮味，此係第二次無味矣。歸途西恩購花手紡。過中山堂前，遇黎子通夫婦，伊等今日游烏來。歸寓侯佩尹來，言已布置住處略妥。十時至陳嘉有家打牌，小室通風極為涼快，蒸蛋中放麵包易漲大，乾菜燒肉頗濃，仍以臘肉為佳。夜飯時有臭豆腐燒毛豆子，最美。兩次吃西瓜。余初時負，最後輸不多。十時返，知陳伯稼來訪。今日關於空襲有三次情報，未放警報。

## 5月19日　晴

八時半中央紀念周，黃季陸報告民權初步選舉之比例產生法，同盟會革命方略之革命軍每軍設一都督，及因糧現兌、戶口調查皆收實效，甚有為共黨運用而制我者，本黨不勤演習之故，今動員計畫之政治改造、社會改造，半為內政部職掌。黃於掌故、檔案熟悉，四川人，口才尤佳，聽者甚樂。出，余至立法院討論遺產稅十五條交復議案稅例，余主減輕，余謂教育意義重於經濟意議。十一時半返寓，楊公達來，借去公主陶醉錄。何欽翎偕譚彬石來，余攜強海威士忌請去銀翼樓上飯，尚風涼清靜。歸寓臥，下午三時再至財政委員會，因人少流會。余參觀新家具展覽後，至凌家吃冰木瓜，鄭家飯遇葉端若。飯後歸洗，聽安徽受訓人員夜會，唱文昭關、罵殿、草橋關、春秋配、二進宮等京

劇，繼唱生死恨、紅娘、宿店、珠簾寨，薛冰唱時不解喉前衣
扣，深怕不好看。

## 5 月 20 日　晴

晨八時朱佩蘭來，云飯硬不飽，日瘦。九時院會追加預算，
病全院委員會不易開，通過簡化辦法，謂有必要時得逕交預算及
有關委員審查逕提院會決定。高廷梓云祇少全院委員會需開一
次，余以此與立法院對於預算應作粗枝大葉的通過，全院委員會
即是此意，不贊成簡略辦法，未舉手贊成，結果舉手者多數。束
雲章至余鄰坐，言三民主義變成三官主義，官族、官權、官生，
立法院為三對立：（一）與行政院對立；（二）與民眾對立；
（三）委員間相互對立。又言陳誠學識與器度皆不夥為行政院
長，國民黨執政中樞今日人才不可與廣州設國民政府時期相比。
又譚鄭澈事，謂余受蒙閉，澈不如余所說之佳，少年氣盛而多所
要求。余歸寓，吳旦平來講木柵建庫問題，狄璉來囑作書胡一貫
求簽調總政治部職務。飯後臥，飯菜已無佳味。三時工作會議，
至胡希汾處取回王豐穀交與亞東銀行收到瞿澤宜港幣肆百元借條
一紙，余始欣然，陳俊傑自港至渝川資事了矣。散會，至凌家食
冰木瓜，至鄭家飯。鄭澈歸，知不容於基隆粉料廠，明日往結
束，不擬再往矣。自麵粉機裝竣受廠長鼓勵繪圖改良而得罪某顧
問，又以擬迎養父母，得分配屋之後又求增加一間，三間都換檜
木地板。束先生所云多所要求殆指此。又曾拆穿庶務受五金賄及
禁工人賭博，最後有工人三名自退往別處，竟謠為澈運動外出，
則幾乎兩怨溢惡之辭，故余亦主離去。但味經夫婦以此為正頭初
開之花忽受摧殘，寧不悶損。回寓觀明孫學步，已逾十四月尚未
斷乳，殊不宜也。

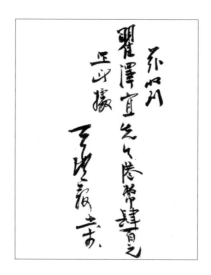

茲收到瞿澤宜先生港幣四百元正，此據。

王豐穀 　十一、十四

此為陳俊傑夫婦自港至渝川資，王豐穀向香港亞東銀行所移者。

## 5月21日　晴，下午有陣雨

晨七時坐車至洪叔言寓，朱人德獨守空屋，塵漫桌椅，云叔言前日曾壓蘭伯吭多時，罵醫師余立中並罵人德，及病平靜則自知悔。八時以前，余至葉寔之寓食泡飯及福建點心，領總統所給端節賞支票。回寓，送支票至中本，每月六分之單不勝利息，負擔不可再加，另以狄福鼎名存二千元，按月五分，半年給息。在張百成室晤趙耀東。入立法院討論契稅徵收問題，余主契稅條例不可廢，財政收支劃分法之第□□條可以修改，台灣省今年預算已列仍應收取，明年由財政部考慮停收。余云已餒之鬼不靈，

此稅在四十年度曾停收也。出已十一時，歸寓，李宗侗（玄伯）來譚，云石曾師已到巴黎，歡迎者多，七月中方可歸台。余提續辦里昂中法大學，謂歐里亞、雷賓、莫岱均健在，宜以此時議繼續，玄伯允於家報中述及。玄伯云法駐台代辦綏求雷係東方言語學校學生，上書法外交部擬設立中法交誼室，置書館、咖啡座，而其國政府不批覆，請石曾先生言之。法外交部云綏求雷在台一事不做，以求激將成功，亦苦心也。玄伯在台大教授，研究初民社會，謂母系家庭之跡顯然，舜娶帝之二女疑為先取得婿位再得帝位，又云取妻不取同姓當然是母系不能婚配，又有釋問名者，謂係詢母姓也。玄伯女爽，字孟立，將於廿四日適項城袁紹瑜之姪家堯，請余陪賓，云娶吳健雄者係寒雲之子。飯時極熱，飯後夏伯祥來商蘇松太月會事。余至凌家同陳、孫、凌三太打牌，十時姚志崇來收場始散。本日孫、姚分獨輸，諸人皆勝，記帳似乎興致不高，當年葉楚傖家數月記帳，何芝園每月一結，興致不減，真不易也。飯時余黃魚骨鯁在喉前，歸寓浴後在前庭乘涼，始用指取出，今晚凌宅毛豆子燒豆腐極好吃。陳嘉猷夫人為余製夏布小褂一件，今日取得，余極歡。報載行政院會議通過取締地下錢莊辦法之第二條，地下錢莊係指非法經營銀行法第二條第一項第一款至第六款及第十八條規定業務之一者而言，經營生產事業或供應物資之工廠公司及其他團體行號向外借用週轉資金用於其所經營之事業，或因事業上資金之撥充應用，非以收存貨幣或款項圖利者，不視為地下錢莊，但若用於其所經營之業務範圍以外而轉存轉放圖利者，仍視為地下錢莊。

　　報載大法官解釋監察院關於所掌事項，得向立法院提出法律案。

## 5月22日　晨陰

　　自中央日報社增常務董事二人，定常駐監察為一人，張迥當選為常駐監察，即議決以沈階升為祕書，病未愈之前由稽核王豐穀暫代。張呈報七組，七組認為無祕書及稽核之必要，應無庸議。昨豐穀持公文告余，陳漢平則謁星舫，今晨星舫來商，云豐穀已有辭呈，余主去豐穀而留祕書。星舫粥後往商第七組，不知能允准否也。九時出理髮，入三、四家皆客滿，結果在西寧南路□□□理髮。十時四十分改造委員會，張其昀自高雄岡山晤總裁回，有重要報告，候人到齊，十一時陳誠始到，張道藩未到。其昀報告：

（一）代表大會宜以本年雙十開會，不必再往後延，代表人數可參酌黨員人數產生，海外宜多些，大陸宜少些，軍隊多少可比例算出。下次中央委員不分執監，連候補在內，以不超過三十二人為度，代表皆擇青年有為、抗共無缺失之分子產出，中央委員以蓬勃國民黨新生，決不取派系、地域分配老法。評議委員人數可以增加，是會之工作為確定中心理論，訂定反俄抗共綱領、政治作戰方略及反攻後之黨務計畫。

（二）國民大會此時不定日期，俟代表問題整理清楚呈報後再決定日期。

（三）九月中擬成立全國學術團體總會，如政治學會、國際關係研究會、對日國民外交協會。施幹克語總裁云日本人逢外國人講話，述其本國之事眾口一詞，而華人則眾口各詞。張云前日緒方來與昀研究國際關係，今後關於中日經濟文化宜請教張岳軍與何敬之。

（四）總裁問張其昀反大陸後長治久安之道，張云中央與地方調度得好則治，否則亂。總裁求治甚急，宜得一執簡馭繁之

道，往年昀參加設計十二軍區，重要者七區，外此則邊僻五區，今共黨分區幾乎類似，華東、華中、西南、東北、華北、西北、四川之軍區設置，北平、南京、廣州、重慶、武漢、蘭州、瀋陽之中心都市設置，若能散開人才、集中精力於新地方之建設，則以中央為爭逐之弊可免，黨務計畫亦可配合為之。

（五）問革命實踐學院有無效果，張答有之，今後可與國防大學相互為用。

（六）昨總裁在左營海軍參謀學校主持畢業典禮，畢業者二十二人。

（七）現有中央委員 354 人，港澳五十九人，在台二百八十人，執 159，候執 31，監 78，候 18。

蕭自誠約廿四下午五時座譚台灣文化檢肅運動，有李壽雍、李樹衢、胡一貫、蕭作梁、方子衛、陳紀瀅、趙友培、黃公偉、葛賢寧，列席者陳敦正、周天固、吳春熙三人。

游彌堅為台灣文化協會發起現代畫家作品展覽會，命余為發人，其中有于右任、王壯為、李漁叔、張默君、洪陸東、陳含光、董作賓、陳雪屏、許世英、溥心畬、魯蕩平、傅光海、闕漢騫等。

于先生壽辰，丑輝瑛唱牧羊歌，丑曾寫示余原詞二首曰：

嗨嗨、嗨嗨，尕（ㄍㄚ小兒）娃們阿姊們起得早呀，山頂上太陽出來了，唱著歌兒趕馬牛（放牛羊的土語），我們的生活是多麼自由喲。

嗨嗨、嗨嗨，牛兒鳴羊兒鳴上山去呀，山頂上大家圍著走，唱著歌兒趕馬牛，我們的生活是多麼快樂喲。

　　午睡時吳瑞生來，云伊婚事將解約，疑肺有病，余囑其赴青島東路結核病防治中心照相。四時錦姪來商議如何使明孫吃麵、奶粉、米脂等成習慣，以便斷乳。余出，至中華書局小坐，至秀武處略飲粥湯，同到惠通橋上望，碧潭一帶青灰雲與青灰山祇有一道中國畫之線，而對面松山機場山後尚有紅抹，回望市空，紅紫成隙。七時半至南京西路十七號連定一家飲，客廳有雅堂先生半身銅象、章太炎先生幽居龍泉寺所書幾年重九不登高詩、張溥泉屏條，小屏上貼陳其采詩，飲舊藏史告脫威士忌及 VO 白蘭地，飯後又飲葡萄油及老洋酒一種，袁企之送余歸。余上床後伏枕哀慟哭，姊姊卒以去年五月，今日為陰曆四月廿九日，姊去年此日已往南京否耶？

## 5月23日　雨，午前甚豪兼雷，午後陰

　　晨起甚早，啟文問余身體如何，昨晚因何大哭。余曰拚醉，哭姊將週年忌耳。胸間不適，雨中又畏雷，不敢往立法院院會。閱大陸及香港雜誌一種，載一月二十一日、三月廿三日上海五反運動甚猛。飯時減半盂，飯後臥。侯佩尹來，侯去余寫喜聯兩付。至立法院小坐，上下午皆無電，如觀無聲電影。五時答訪李玄伯，復入沈剛伯家觀新房，剛伯夫人方出，兩家樹木不少，剛伯畜一猴，猴房新造，係李爽所贈。入雲和街朱鍾祺宅飯，未飲酒，沈心怡、楊靜宜均來，食素菜為多。歸遇某君，方入師範大學聽人講明章之治，問余寫現代史者有幾人，又問宣書決議案有齊全者否。今日香港雜誌載一論文，云寫史為要，治史料考據不為第一。某君亦已閱此，與余主見相同。歸寓冷水浴，浴後早睡。得立法院通知端節可借五百元，七月發薪扣還。

　　書家舉薦，余舉楊佛士、李向采、程中行、夏馥棠。

李玄伯譚台灣人學有菓曙，字奕伯，精於病理，年方四十。

## 5月24日　晴

　　晨赴中央黨部，得端節所增發一個月公費，立法院亦借到五百元。十時紀律委員會第二十次會議，祇朱騮先、謝冠生及余三人，林佛性在鄰室別有會未到，吳鐵城囑簽名，馬超俊病瀉，讀案終了即散。余歸，毛同文來，同到山西館酒飯，譚伊女欽翎栽培不上及芝園好賭狀，北投有所謂化學牌可作弊，芝園好參加局賭。余等在山西館遇趙友琴，云明日張維翰將參加同期，順便探余。飯後略臥，四時至貴陽街第一段裝甲之家參加李玄伯獨女孟立嫁袁家堯，王亮疇、朱家驊、錢思亮、毛子水、董作賓、沈剛伯、李韻清均到。余候證婚人于先生上臺，即至中央黨部參加文化檢肅座譚，聽蕭自誠、程天放、方希孔等發表意見。余等同羅敦偉、許君武撰諧聯為戲。余遇胡一貫，講起狄璉求事。出，至鹿鳴春參加孫全杰娶謝娥，係公證結婚，七時開席，遇錢其祿，云鎬城暑假將游台。余略飲酒食菜，即至凌家打麻將，余負，十二時始返。余今日曾為陳振岳致書林彬，求調補學習推事。毛子水在大陸雜誌撰地球之來源，淺顯易明，惟太長了些。子水云你喜歡做對，後此需對請你包辦。李韻清講李謨棟女與戴恩沚聯姻事，待余一言而決，余謂可以。

## 5月25日　星期　晴

　　晨興頗早，候報紙到，一覽無餘，幸齊如山說舞可以消閒。上樓閱錢大昕文墓誌及傳記，表彰文章學術極力。十時至凌同甫家早操，飯菜頗精。至下午二時食西瓜後回寧廬參加崑曲同期，張善薌、汪經昌、周雞辰、雷寶華、趙守鈺皆飲強海威士忌。趙

酒一盃，由徐穗蘭送下樓，昨余請毛同文，趙在山西館見到已怪余不奉伊一盃矣。在崑曲場聽人唱刺虎、驚夢、三拉等齣，郁元英贈余郁良心堂監製千金益壽酒。余同朱佩華、盧白、俞良濟到盧白家打十六圈，夜深回，方雨後，街路清潔。冷水浴後睡佳。

## 5月26日　晴

　　晨錢錫元及其友某君來贈杧果，余分贈凌同甫、雷寶華、中央紀律委員同仁寧園同住者職員二枚、工人一枚。到中央黨部，既述美國歷任國務卿著作，又述考試院各問題非故常。出到郭誠、鄭彥棻，參加圓山紀念周，總裁講石油公司前離警察三十步有人小便，警察不管。又講載重過量，虐待牲畜事。關於設立地平磅秤驗過重汽車及牛車，余先與陳誠寫一片，又與侯家源言之，今日又與吳國楨言之。總裁又述十六年在日本見警察干涉兩人合坐一人力車，歸乃發明三輪車之故事。十一時返，未至立法院參與審查會。飯時邵介埏表妹包鴻德來，留伊食糭並同飯。飯後至侯佩尹寓，簾幙新張，綠紗半掩，藤床藤凳，席地而臥，頗為風涼。四時返，分王洸所贈餅干、皮蛋與明孫，孫仁所贈黃魚與鄭味經。同鄭明游龍山寺，寺前攤棚移開，神燈花砌，頓覺眼清目亮，聞係南亭法師所主張。飯後步行回，今日食沈祕書成春所贈糭三，夜食味經夫人所做糭二（皆湖州做派，極美），恐頓食故多走幾步。鈕長耀、俞成椿廿四來，濮孟九廿五來，陳敏廿六來，均未晤。賈觀鑫來述賈觀立擬入台，查有接近第三勢力嫌疑未允入境，囑為設立。又述賈觀晴在上海遭遇再教育，觀鑫之妻弟已跳樓自殺。

　　在味經家夜膳，有清蒸鰳頭尾，其婿朱歐生所致之香港冰鮮也，味木而鱗膠已消，比吾璜之起水淡青鰳遠不如，尾尚比頭美，頭宜紅燒，有以也。

# 5月27日　晴

　　晨赴院會，因前日碧血黃花之演出臺上火起，燒壞立法院梅花桌、高背椅、發言台、中山堂幕及換幕架，倪文亞云共責賠十八萬，甚為難也。院會期將了而決算、預算均待決，程序會主星期六多開一次，得通過。余聽至張貞提擬具當前僑務施政政策要點，本院僑務委員會主張本案應由院會決議送行政院辦理，謝澄宇躍躍欲通過，謂有助於鄭彥棻不少。余即出院歸寓，其實此非法律案而為施政方針，不當自立法院發之也。赴院會之前，余攜糭及皮蛋送王子弦，其夫人病喘，久咳而肥腫，無錢醫治，甚困難也。回寓閱錢大昕文，整理居先生詩。飯時有糖醋青椒極美，飯前黃曰昉來贈糭，飯後得美睡。豐谷來。三時中央日報監察人會，張星舫主席，通過一、二、三月帳目，准豐穀辭稽核而仍以沈階升為祕書。星野報告撫順街環境改善，士林防空有備，民營增配紙，攻擊中央日報不作虛假之發行數不實等等。余於散會後提如何維持蔣君章生活，請馬考慮。陳天鷗云免馬本兼各職條諭上未注理由，星野則云配紙發生爭紙售紙問題，省府不追究真實狀況，支票不兌現不之究，年底且發款補助民營。今晨總統府為此事會報，勞神及於總統，積漸之失，至於如此，甚為國家傷之。四時散，余至李向采處贈物，秀武加班未回，男備鼻衄求去，向采慮秀武事繁思重，一朝病倒不得了，余慰之。出，在三分局前晤陳嘉猷夫人，伊下車同余探真美善及乾盛齋，均無所得，余送伊往中華書局。余至鄭家飯，有麵魚蛋一味極鮮。八時同鄭明至空軍新生廳，觀京劇御果園、罵殿、下河東、紅梅閣。下河東奸帥害忠良，先鋒已勝敵人而殺之於御前，意義不佳，非軍事機關應演之戲。紅梅閣為河北梆子，戴綺霞倒嗓之作，做工武工不壞，何欽之特來觀伊。此外余遇賈敬德、徐永昌、李中

襄、黃少谷及張岳軍夫婦，王叔明招待客甚恭，鄭明愛前排風涼，甚樂。十二時送伊歸，余略抹身即睡。

## 5月28日　晨晴，下午風沙，既而陣雨　陰曆端午

晨未明即起，寫日記後始辦樹株。即乘三路至居宅，居夫人已起靈幃，方燃燭，余三鞠躬，居夫人致謝。譚叔寧去夏得美國某大學獎學金額，去冬遭父喪，已延展一學期，六月需應教育部考試，夫人曾上總統書告知其事，總統派經國來答話，可以商辦助行事項。又譚于院長生幼子之某氏曾來台北，為較大之子女所不理，于先生在房中與某氏相對而泣，卒于先生親送某氏至基隆搭船他去。又云安國之婦將產，前次離婚婦生一子一女，不願與安國，故戴先生喪中不書有孫。出至雲和街，王、朱、張、舒俱在。出至顧儉德家，吃一糭、一片麵包、一粥，同乘車到戴丹山家，高雄台灣機械公司聘丹山為正管理師，丹山與余商可去否。又到王導之家取得中國海口論一冊，余所書書面導之讚美，其夫人約往打麻將。出至上排頭錢宅、王宅拜節，王剛森女在新加坡結婚，寄來照片，老伯母出示余，極樂。在彼得晤陳敏。出至夏曦家，無人在，留片。出至陸京士家，京士方出，夫人未起，飲涼開水及熱茶。出至李向采家小休。十二時後諸人回，余食各菜每碟少許，略飲啤酒，乃至中華書局飯，兩桌，以火腿湯、千張包及毛豆、青筍、油麵筋為美，飯後吃紅西瓜。諸牌友皆在，諸人又交口侵余，余乃歸臥，臥起逗明孫弄石子吃糭。余浴後在家食飯一盂半。念端午為余過節歸墐會親友之日，三十六年得歸里，三十九至今年三度在台灣過節，去年又喪長姊，今後雖得歸里亦必悲哀，今日在家靜過半日，以安心意。

## 5 月 29 日　陰晴相間，夜雨

晨候至十時一刻開改造委員會，總裁主席，決於本年十月舉行第七次全國代表大會，擬具籌備工作進度表，無中央執監委員會工作報告，祇列黨務報告，余曾以告道藩，余未發言。總裁云為黨服務之無名英雄可稱為服務黨員，相當於共匪所稱之積極分子，宜作一規定。立、監兩院及直屬黨部黨員人數過少，宜有特例產生代表。次張其昀報告中國國民黨現況及簡史之編輯。休息後，鄭彥棻報告菲律濱之行，袁企止報告中國青年黨糾紛，省務委員朱文伯利用地位頗建樹地方勢力，於林班得黨費。十二時四十分散，余至老正興參加老正興沈昌煥宴紐約中國新聞之編者倪源卿，新自美國歸者，有扁尖雞湯及鹹魚、清蒸黃魚，略飲酒。歸，得美睡，施振華來為搥胸背。狄企雲來，為作書譚嶽泉求工作。觀明孫吃西瓜弄石子。五時至雷家，聽陸海空軍醫院王節如對床蔣某之妻慘死病狀，死者廿三歲，四川人，似得膈症，其夫置之不理，一心祇在受訓工課。雷孝實歸，同飯，飯後談吃雅片之笑話。歸寓，秦啟文譚復興公司應由交通部於此時收回，利用空軍運輸機以加增空運。

## 5 月 30 日　雨，下午陰

晨院會，前因安徽六十七歲同志李應生於昨日心藏麻痺致卒，在堡壘廳舉行治喪委員會，余亦被邀，張岳軍主席，劉啟瑞報告急病失救致卒狀況。李與今總統、張羣、馬曉峯保定同期，赴日本亦同學。張羣任上海兵工廠長，李應生為總務處長，陳成為祕書處長。李曾為安徽省政府委員。劉啟瑞為預算委員會召集人，李應力助之，劉一足不良於行，上立法院階時，李掖之登，李右手不能舉，劉為之簽名，劉、李相依，劉報告極痛。十時余

下樓，通過追加預算。歸寓小休，即攜高粱及啤酒入蓉村，候北大同學來集，定三桌，到者一桌，計陳顧遠、劉友琛、姜紹謨、傅岩、梅恕曾、葉溯中、黃建中、陳際唐、營爾斌、張翰書、孟廣厚、陳翰華及余十三人。梅恕曾先去，傅岩後至，公議不收傅岩分資，傅出五元購愛國獎券 BB139193，中獎則人各得一萬，請全體北大師生攜眷飲宴，餘歸傅得。二時散，余至冠生園，今日公休，夏君正無可為計。余上樓移椅搬抬，尋得小孩煮茶，既而小孩不見，水亦因煤斷無出處，余請小店西瓜每客一元五者，來六十客。講演先由曾虛白述其父曾孟樸文藝生平，云年逾高思想愈新，法文為無師自通，在同文館稍得門徑，發音都不正確，其初時之讀本塗注殆遍，每日硬記生字，久之不但能譯文學書，且能讀哲學書，其小說繁華夢本為五部，祇成戀與戰之兩章，最後則述其栽培小鳳仙事。次翁之鏞說府、州為合理的地方制度，有千餘年之歷史，省本非地方制度，現時雖議縮小，若因其制而不改，則上侵國權，下靡縣市財力，一無是處。次楊佛士述翁同龢家世、科名、服官，戊戌休致及文學優長、愛才若命各節，述至五時一刻乃散。下月為第十七次，孫再壬、丘震威及余三人為司月，不知冠生園能維持否也。散會，同姚志崇至凌家講和，約星期日往孫家賀伯顏夫人四十生。歸寓觀明孫飯。至廣播電台允張道藩答宴，立法院留法同學二桌客，三桌菜，中間曾攝影，以鴿子冬瓜鐘最無味，髮菜干貝湯最佳。八時半歸。

### 輓李運啟

佳節是悲端，望海憂傷，頹山頃刻；

斯人難再得，風裁峻潔，心地光明。

### 又為陳志虜輓

議院失相知，我自思君，虛座客聲餘正氣；

兵工追舊夢，君其助我，海疆磨礪欲回戈。

## 5月31日　雨，下午晴

　　胡光炳、林克中來商綜合批評未合，應重開會舉優點劣點，余定六月三日開會。余寫輓對後攜之院中，今日加開院會，開快車通過議案，多數為不之議亦無所謂者，總算一會期已告終矣。苗啟平來請蓋章於余天民之延展入境請求書。凌英貞來取去為彭利人遺族捐款 1,750 元及捐冊存根，彭之女係領養，不甚聰明，已開始打罵。飯時余腹饑先吃，啟文交余乘車證一紙。飯後略臥。赴殯儀館參加李運啟公祭，張道藩請余看立法院祭文妥貼否，其實多數敷陳功績，假作悲哀，實在可以不作。志虜已另請人作一聯，謂余所作口氣太大，須如張岳軍身分方合，拘謹哉。拘謹亦是美德，先君亦拘謹之至，是上一輩人所有之行態，今日青年大言不慚者居多也。行禮後即至向采寓小坐，秀武方浴，浴後談工作過重受氣狀。吳則中語向采，方肇岳事有故障，未能成功，諸方必懊喪，諸方樂上進而事與願違，距其意想之境常若遙遠，此乃家庭教育不裁，抑小兒任性之所致。先姊於令奐甥棄太倉師範而入蘇工，余在蘇州寓中不表反對，乃曰弟奈何聽奐任性，亦拘謹之一例也。出至真善美，購得周虎臣大純羊毫舊筆一枝，筆頭已禿，寫大字無妨。余至錢家同逖先、藕兮、佩芳打十六圈，余贏得十五元，適為舊筆一枝之價。夜飯時有臭蛋及紫菜湯，甚美。今日打牌，勝負皆喜。

## 6 月 1 日　晴

晨起閱報，伍叔儻在新生報發表國文看讀作各法，怪白話文字面不殼，見解與余相同。八時出，購餅干一廳，連同姚君所贈之啤酒送孫伯顏夫人四十生日。十時始打麻將，五時止，余讓給陳嘉猷夫人。余至瀋陽路一巷三號為張伯華、李珮賢訂婚證明，李年二十，母四十歲，父為公賣局職員，鄞縣人，母亦寧波人，頗活潑。狀元樓酒兩桌，以乾菜燒魚為最佳。孫家中飯以清蝦、毛豆子及臭豆腐為佳。今日青浦人游金瓜石銅礦局，故孫家中午客不多。江學珠招中午臺北一女中飯，余辭謝。得謝仲仁書，伊子任職高雄鳳山區大埤湖工業給水廠化驗室，伊亦隨往，謂該地波光瀲灩，樓樹參差，頗足欣賞，招余往游。鄭克宣、劉孟衢夫婦、何惠民來訪，未遇。何惠民係來受訓，月底卒業。又得邱宣悌書，謂退伍後全賴表兄王君接濟，暫住友人處，地方狹小，非常不便，盼余為謀一職。

## 6 月 2 日　晴，陽明山霏雨

晨起食粥，即至中山堂聯合紀念周晤孫仿魯，伊住木柵□家□十□號，離考試院尚三里，上一小山，正望仙宮廟。今日原定何應欽主席，謝冠生報告，頭排同志赴陽明山者居多，零落不齊，不足以表示黨的蓬勃精神。余亦於九時離中山堂，出門遇王亮疇先生。余至黨部，同谷鳳翔乘郭澄車發草山，見饅頭山澹雲似蒸籠出氣，芝山巖竹林道一帶新綠爭秀，頗足賞目。至市上，入吳稚暉先生寓，先生和衣睡，一足頻頻搖動，蓋無人陪伴而假寐焉。余以谷、郭候外，一探即出，問馬伯母，知近況尚佳也。入實踐院，同李震東、史旦生、鄧雪冰休於教官休息室，侍者供開水，微有硫磺味。時車來甚多，恐無座位，即入禮堂，椅子排

得極密，兩腿無可伸處。今日第十八期開學，女人穿制服者甚多，余望見唐文和等。十時紀念周及開學典禮，總裁自波昂會議、中日和約、俄國在廟島群島、庫頁島設日本人民共和國、印度出兵尼泊爾、不丹防共、美國派員赴板門店談休戰，及法國、日本國國內之共黨暴動種種跡象，追溯到美國不要中國簽字於對日和約已是不同，若持與三十七年相比，正是夢想不到。蓋在三十七年，英、美認國民政府萬無可以存在之理，馬歇爾強迫國共合作，希望中國為聯合政府，在北平設調制所，謀自英設美國人執行之。共黨所作國民政府貪汙無能及軍隊不能打仗之讕言，不但各國深信，且國民心理以為事實，其時余如不下野而抵抗，決不至於一年間全部淪陷，但抵抗之結果總因英、美認共黨無甚不好，國府覆亡罪有應得，而終歸失敗。其時又有主余不必以台灣為光復基地，勸余流亡外國作寓公者，余堅決不肯。以台灣一隅之地為世界反共前哨，聯合國有我地位，然後有譴責蘇俄、出兵韓國、武裝日本、解放西歐種種世界反共事實。若以打敗仗而言，十餘國之聯合軍隊（美國為之盟主）在韓國打了兩年，蘇俄並未動手，中共未出全力，乃喪師費粖，取辱泥足，究如何耶。蓋共黨不戰屈人，冷戰傷人，蘇俄不用實力而取得便宜，籌之熟矣。試以暴動及使理想敵國持久備戰言之，暴動之損失為敵國之人民及政府，而備戰則國力之喪失，不戢自斃，理極顯然。人民納稅，政府悉以之造軍器，今年所造之軍器明年已不能用之，而美國還以世界兵工廠自居，軍援、經援費用無限，且云尚未完成，大戰有待，且極忍耐之致。放棄藉口而靜待蘇俄先動手，此其為被動戰略，極易吃虧。今年又值大選，上次民主黨之選舉以不打蘇俄為號召，此次各工人團體又必有信蘇俄之指使為選舉之活動，美國方以干涉各國內政為得意，不知美國之內政亦有人干

涉之也。總觀大勢，今六月至明年二月冷戰如舊，熱戰如舊，無若何開展，三月以後反共之國總有忍耐不住者，但我不希望世界大戰，世界大戰於我無利。余以為葉落歸根，世界之亂由於中國喪失大陸，世界之治亦必由於中國光復大陸，我必率此抗共軍民反攻大陸，所望在座人士勿餒勿悶，認定台灣關係抗共全局，非僅一人之禍福、一國之吉凶。又聯合國武裝日本、德國，我亦贊成，惟意在使日本領導亞洲、德國領導西歐，則不可耳。講至十二點之後方畢。回中華書局飯，逢許健，飯畢已一時，以萵筍葉燒豆腐為佳。回寓睡，睡畢赴中央黨部參加中改會，通過紀律案，討論台灣電影事業之改進。聽上官業佑發言，前此自游彌堅手收回之國際電影院，今租與農教電影公司，且津貼農教十二萬，各委員以為喪權甚巨，上官強而後可，不知今後成績佳否。六時雨中至鄭味經家，攜去油、米、酒、蛋，同葉端若、味經夫婦、澈、怡、明飲酒。飯後至錢家，同李景蘧打八圈，十一時歸。閱楊亮功三十二年自泰和至立煌行記。

同日外交部長葉公超在總統府月會亦云幸勿幻想大戰，不能幻想世界大戰我可以與民主國家同獲勝利，先作此樂觀假定，亦不要太希望所謂太平洋聯盟，此乃尚未成熟的東西。又言韓戰是歷史上劃時代的轉捩點。

前日俞良濟云西北馬家有資產約為美金□十萬之毛織品，求自香港進口，尹仲容以另有類似者亦需進口拒之。今夜問景蘧，景蘧曰香港類此者甚多，大陸運不進，棧租付不起，不得已而想運台灣，台灣禁止此項入口，又不能出口入口者，又不要對政府之捐獻，政府無利可得。

楊亮功立煌紀行中有云脂車待發，當是汽車加油，用舊句為新意，一索即得。過赤峯坪宿，寫景云小橋流水，三五人家，高

峰環繞，自成幽境。夜月初上，清陰在地，小立橋邊，聽狐鳴於石岩間，淒涼黯淡，殆非人境。過葉縣，望邊區學院，論云年來吾國將領居方面者，每喜涉獵政治，究心經濟，從事教育，軍旅之事轉因廢弛，相習成風，此一例也。全篇簡潔，初不知是人能文如是，真北大多才也。

## 6月3日　晴

晨略整理各事，希望今日能作新竹之行。十時召集中改各單位祕書商綜合批評問題，十一時散。到李向采寓，今日王培禮過生日，山東老劉作炸醬麵，甚有味。回寓睡，孫仁來，云葉君行知寄來款所託非人，無一筆能收到者，余貸以二百元，送往婦產科醫院檢查，本月底將分娩。余入中改，參加工作會報。五時返，李家瓊來商借車到伊母來青島東路肺病防治站 X 光探視。余至鄭家飯，有紅燒四喜肉。飯後至俞、雷兩家辭飯，在孝實處吸埃及香煙一枝。歸途在舊貨店尋旅行箱，有索價 290 者，未購成。輕而耐雨、口齒深者，幾無之。

## 6月4日　晴

晨錢士誠夫婦來尋余早點，余方整理行裝，辭之。伊云曹津生夫婦在台中情況尚佳。八時半余至車站購特快車票，休於站長室，李德元、季乃成等來送，□□□同行至桃園，並同進點。車上遇立法委員張明經、周樹聲、林鳴九、李慶麐、文羣、劉志平、李永新的。志平測余必當選中央委員，又曰狄君武什麼都有辦法的。李慶麐講劉炳藜自香港誘勸赴平逃歸時，劉不同跪下請其救命事，並約赴台中小敘。未幾至新竹，同下車者為文羣，伊來新竹覓屋。余至西門派駐所右首陳石泉家，入門為花圃，石泉

所整治，最右一室會客，頗明亮通風。中間為入門過道，過道之鄰室為客房，設二床，一竹一彈簧，余留是室同陳嫂談閒天，坐椅在後進過道中，特風涼。十二時飯，有鯽魚湯，余盡食魚子。飯後自勝利街走南門福德里中華路304號尋王雅，門局，留一片。又至南區，過鐵路至南門里，轉入土城里R○○一，為空軍住房。入一韓姓寓為四十八號，韓君招余入內，其岳母張（湖北人）供茶，開項蓉房教余休息。余閱大學英文選，移椅靠戶，北風送涼，西曬經樹蔭不甚熱，樹枝葉上木板牆，影子吹動殊美。籬外為稻田，房外有一臭溝流惡味，蓋鄉居所不免也。四時半項蓉回，六時半朱世楷回，同到廣東酒家飯。飯後余尋王雅得之，其房奇熱。遇辛學祥，為少年監獄總務課長，購西瓜款余，並送余至教堂。石泉言其上祖為太倉人，至崇明為教官，卒於任所，當地人懷其教澤，念其貧苦，資其遺族落籍常陰沙，今為南通人。南通有學田在沙州，議畫界，石泉主張南通利益，今共產黨將沙州悉畫歸常熟。石泉與楊震寰先生稔，石泉夫人蕭氏為蕭蕙芬之長姊。

## 6月5日　晴雨

晨食粥後，至車站晤站長□□□及本黨同志能醫者郭君及季乃成，季君云竹北無可玩，乃乘商車赴竹東。先過竹中，次過下有鐵路長隧道之小山，車停城市熱鬧區域，余等走入舊神社處，門有有奉獻石燈二，路上金鼓大震，鄉民迎五穀老爺歸家。上坡有向東校舍一排七大間，楊任可方持點名簿、粉筆匣入教室。余與校長蘇瑞麟談，正批新校舍圖，添東向伸右之教室，後排且兼特種教室，余言無悉為東向之必要，長排校舍跑路辛苦，不如兩教堂為一組改南向。後勤部正謀建傷兵醫院地點，議在大溪或

竹東，蘇校長意讓出市內初中部全部為傷兵醫院，可得三十二萬元，可在山上建八教室。余主初中抵年級應在山下，課堂之尺寸可以略小。余同季乃成走校門中道上神社，左為洗池，為一整石所雕，為日治時代人民所奉獻者。右為一茅頂房，有眷屬宿房內。中為一門，後為山，山上已植苗，尚未長高。余並參觀教室，在重慶曾晤余之大埔劉奮翹方考試國文，獻縣張銘英方教英文，在校長室並晤劉木囚。十時任可退堂，自側下過操場，遇常熟女教員而與虞東情形不熟悉之薛夢仙，於此望見山頂有碉堡一所，再下為校舍而被其他機關佔住之住房。過一溝，自牆腳西北隅入初中部，廁所奇臭。余為謂如改傷兵醫院，正屋需改建為樓房，入門處需有平屋五間。聞經費共四十八萬，除津貼校舍外尚餘十六萬。自後左轉入任可寓所之教員宿舍，矮房破敗，各家所畜雞鴨，臭溝流滓，任可房上漏下濕，一架上支床，不能迴旋。余最後離常熟時曾至其家，新屋塏爽，與此不能作比較，足見任可能耐辛苦矣，為之悲亦為之慰。自此行市中，轉入一新水泥橋則可通車站，橋係新建，去年同秦啟文來觀上鋼梁於鐵路橋尚無此橋。路上講與日訂和約，學生始講出日治時代受苦狀，其時日本學生特殊，改從日本姓名者亦可欺人。米穀收成後農人列之廊下，日人來，隨其所欲取去。學校風氣如教員侍候校長，今已改正，而家長會干涉學校行政，使校風不佳，學校新政停滯不進，程度及訓育，凡縣立中學均較省立者為差。季君云台灣人民四十五歲以上，二十歲以下皆知有中國，此外化之較難。余等至車站，天雨，坐火車過山洞後望頭前溪，流水極美。十二時回陳宅，項蓉來飯，飯後余睡幾一小時。天雨，不克往香山青草湖游覽，金嫂出約煙酒公賣局科長王影正（康鳳珍）、曾任溧陽縣長卜鎮海（喬淑蘭）、立法委員王漢生（太太黃強）來打牌，輸贏

均視連莊與否。項蓉飯後始歸南區宿舍。

## 6月6日　晨晴，上獅頭山雨，下山晴雨兼作，自峨眉歸晴

　　晨六時半起身，上新竹車站食豆漿、雞蛋，當爐不解作國語，一動微笑，完全日本風致。七點四十二分乘南下車，過香山，望海及海岸內西瓜田，極趣。過崎頂後再停車則為竹南山線、海線之分程站。出站，上赴南莊之小汽車，東行十八公里至獅頭山，價不滿四元，公路甚平，沿中港溪而上，風景頗美。南莊在獅頭山東五公里，有一公里馬路栽緋櫻，入春頗可觀。經頭分，在三灣前有一橋曰峨嵋橋，疑跨峨嵋溪，歷五十分鐘始抵獅頭山。循石級神燈上山，折上勸化堂而天雨，自此伸入，凡有洞可以安佛座者為廟，廟前每為山樹開朗處，廟飾以瓷磚為花卉人物。經□□寺，石壇甚廣，雕刻甚美。再深入為開善寺，在勸化堂之岩後，殿宇頗大，以磁磚為殿，柱面清潔之至，殿前廊下頗能望下，頂幔燕巢無數，天雨燕子悉歸，吱吱不已，觸余返家團聚之念。出十元為香金，上香禮佛，求佛佑穎姊早生淨土，念此為陰歷何日，姊去年此日生耶？死耶？雙淚奪眶，雙膝拜倒，酸痛久之。時天正大雨，前面山均不能見，侍者導往總統曾休之殿樓，總統以五月十八日臨此，賞二千元。侍者又引上藏經樓，新式椅，日本金佛，藏有葉譽虎所繙影之宋磧砂版大藏經，經蔡子民先師於二十四年十二月十九日撰有序文，經為宋紹定時平江磧砂延聖院所刊，藏西安臥龍、開元兩寺，凡六千三百六十二卷，經、律、論均彙刻於此。延聖院在太湖中，相距崑山之用直約六、七里，今祇存老屋數間，其地仍名磧砂鎮，有居士某君謂不但經文瑰寶，即其附見之地名、人名、工價均可考見宋時風俗，地名如華亭縣、長人鄉、十九保、下砂場、北第二竈、崑山縣、

全吳鄉、第五保、顧宣浦、吳江縣、文詠鄉、廿八都、長壩子圍、崇明州、崇明沙、道安鄉、黃家□。上段余抄蔡先生序文。下樓遇鎮海盧傳舜（菸酒新竹分局主計課長）陪港友朱賢銘及金信民、經裕苞夫婦（上虞人）游山，時天開朗而雨點未停，余決冒雨登山。轉出至勸化堂右，走石級登山，先過一石影壁，有題名及詩刻。轉上約數百級至一亭，則為獅子最高處，稍下則為元光寺大殿，亦在洞中，旁有客樓，有榻榻米設置，余與季君坐最前樓，雨山濛滅，盧君等亦追蹤而至。飯時有素菜八色、湯及素麵筋，尚可口。飯前偃臥，先以濕衣蓋體，繼以客被方硬者蓋體，幾如石板。室中懸總統象，總統到過，又有茶葉日本賽會二等獎憑。盧君等在樓下飯，以余賈勇足以資勉勵，季君軍人威毅足恃，來約游水簾洞，云自洞下至峨嵋有汽車相候，可過竹東返新竹，如此則游獅子山走原路返之痛苦可以減去，余欣然樂從。過一廟，余取供佛之波羅密花朵贈經夫人。下至一最殘敗之寺，再下則為萬佛庵，有一操國語極佳之年輕圓面女尼以自烘茶招待，云往時元光寺僧善焙茶，年焙一百斤，後以此得獎，近時無人繼起。野茶香老，以時促未能多飲。自此轉土路上山，近水簾洞處有一路亭，自亭左過田塍下石卵坡，聽水聲甚猛，而水簾洞則在最下，自樹間望溪，水沫衝石，頗為美觀，至洞則有一排墜泉如簷溜，然並不甚廣。老尼供茶，一楚楚鄉女孩出藤杖售與游客，用水筆寫游獅頭山紀念。至此游程已畢，朱賢銘下溪洗手巾，滑跌石上，顴骨起一包。出，會於亭上已四時許，云下峨嵋鎮需一時半。過橋左走全為黃泥道，道沿峨嵋溪，時天轉晴，山頭嫩清深翠，新篁作裙，極為美麗。過一厓洞，作厂狀，厂下滿置樹柴。下此頗有滑灣，金君夫婦走得尚穩。再下似將轉出山腳，溪石可行過對岸煤礦處，因漲水，石全沒頂，余與季君相攜

而過,將近岸,水激石磴間,相距較遠,略提備,安然度過。自此取峨嵋道,天微雨,路頗長,季君講諸顧及毛森無足恃狀。余等候於曠角有竹梱置處,正賞覽溪村,明麗難得,前橫一溪,隔斷峨嵋。諸人視察淺深,決自石子灘走上游,而水道深淺不可必,下游渡口有激流一排,懼不能植足,幸對岸有農人見此困難,下水指示淺處,半依原路至激水處,則行激水前,眾慶安渡,贈鄉人以金,不受。自此上峨嵋,見一公共汽路,余等遮留無效,入鄉公所尋專用汽車不得,正議搭班車轉新竹。余同季君入一小店食一元五角之麵粉,有粉炸肥肉果五、六枚,肉片三、四片,惜無味。正惶惑間,汽車已得,乃坐之,經竹東中學校前而達新竹廣東酒店。余歸石泉家,尚未飯,飯後略休息,為石泉挑水八圈。今日有一蔣君為王漢生之友,漢生之妻黃強顧渚人,頗愛飲酒,今日攜幼女來玩。

## 6月7日 晴

晨就石泉會客室寫日記,有玻窗缺一塊漏風,覺甚寒。九時後王影正以車來,以金嫂未返,乃先游。香山面臨海,占一高地,日本神社在焉,今有貧民公廠之設置,屬社會處,紡織部在最前,過此有一破敗支柱,雕梁畫棟之閣。入廠部,大殿昔供天皇神象者今為火柴匣製造工場,有汽車裝紙匣滿箱,余笑謂此乃最輕之裝貨車。辦公處則為道眾宿處,小便處外不通臭,可稱難得。下山候石泉夫人上車,車經南區,前日為尋覓項蓉問訊人家轉入,過青草湖派駐所則為上孔明廟之泥路,堆石子於路中,頗礙汽車行駛。至此空場上有竹坊則停車,孔明廟殊小,象亦小,轉後則為靈隱寺,寺殿建築甚大,殿前暗弄堂為尼僧宿處,中楹後開小窗,可望見後園,立於窗前,清風最聚。轉右,一僧星雲

方課聖眾以國文，又有名嚴□□者課佛學概論。後園樹木眾多，整治精潔，有燈籠花兩朵平行雙垂最美。又入一觀音供處，一女尼靜修，白蘭花裝滿供盆中。出，繞骨灰塔自廟入寺，休於精舍，有朱啟星回船是岸匾，署皇運二千六百〇三年，又有居先生所書條幅於此。見一關居士自香港來宿此。出，見此一地為新竹低處，有雙湖之稱，正議自市區闢一運河，可駕船來游青草湖兼以蓄水，當比瘦西湖為佳。歸石泉寓，余又至田美街尋楊在亭，遇楊及崔學禮於途，余同崔同車至新生報辦事處樓上白如初家，參與立法委員寓新竹者宴集，計到洪深、劉實、黃強、劉仲平、劉崇齡、蔣佐周、畢圓仙、王漢生，王漢生以需搭車未入座。余講笑話，諸人皆樂，白君為諸人辦運米分配諸事，省院中派一職員，又以餘款設此席。雞湯燉得有味。食西瓜後各散，余尋布鞋不得，欲尋李康五又無時間，乃歸休。同蔣君、石泉夫人、卜夫人打二十圈，余贏一火車票價 26.5 角，給金嫂。白如初來訪，談熊東皋病貌。陳天任自台大法科歸，與余對榻，余浴後睡，睡起又食西瓜，三時後略合眼。

## 6月8日　晴

陳夫人借給余夜明錶，四時半余時時覽分針移動。五時十分起身，陳天任起欲相送，余止，許伊送之門。余至教堂前得車，余力能提兩包，行至車站恐有查詢者，以坐車為便。抵站，就台灣小棚吃水煮來亢蛋兩枚，前次微笑者今連打呵欠，云竟夜不睡，天明亦未見換人，正苦工也。食畢，天大明，觀車站打掃夫掃地，旅客坐板凳者尋燒臭蟲。遇陸君□□，伊在新竹公園招待所工作，來迎接美軍官。上車後得臥車外之頭等活動椅，一坐一蹺腳，至適，抵台北後始為侍者叫醒。走天橋遇葛建時，出後站

步攜歸寓。知上星期五唐縱請宴，狄慧齡以六月四日在台南空軍醫院產一葡萄狀之怪胎，齡體安全，黃廉卿得旗津水產學校就各節。余即覆謝長茂、黃廉卿各一信中。施振華云將戒行，余同伊在老振興吃大湯黃魚，出，伊忽欲借用汽車，余不許，意者伊將汽車招待女友游山。回寓睡，睡起參加常熟同鄉聯誼會，余略演講。四時至糖業公司大廳參加崑曲同期，以方小姐之拾畫、王鴻磐之望鄉為佳，主人胡惠淵備茶葉蛋、露排骨、麵包。六時余至凌家，知諸人在陳嘉猷家打牌，余往飯並吃西瓜。閱中央日報四合作社失敗內幕，頗攻詰顧希平。八時倦極，乃回睡。

孫伯顏夫人云接上海信，五月廿五日伊女曾往畫三診所請診，畫三安適。

## 6月9日　晨雨午後晴

晨車候余往中改，聽連震東報告經濟動員計畫，其言曰能自治不煩警力方是動員，拉夫不是動員而是過費人力，又曰經濟部門利害衝突論定較難，以故成績甚少。散會，同郭澄往圓山聽人讀總裁對七問題之解答。十二時雨中歸飯，飯後臥。吳阿龍以逃亡判徒刑十八個月，無人為保釋，前數日期滿出獄，索錢，贈以三十元，伊求五十元，余不許。伊述獄中台灣老囚欺侮內地人，本月三日曾經械鬥，內地有一人打破頭。四時至中改，今日中改開會無通知，余無庸列席，余述新竹獅頭山之游與紀律會同仁聽。回寓，知浦家屋原允施文耀遷入者，又有自港新來之客居住。浦太太贈食物多種，明孫消化不良，多不敢給伊食。六時在鄭家飯，鄭明加班三月而有身，不食若仙，其母憐之。鄭皓與朱歐生皆在，鄭澈無事。飯後至士林侯佩尹寓茶聚，於圓月出山後乘公共車回寓，清風峰明月極美。昨於同期聽張振鵬唱山亭，混

江龍句云「你看那伏的伏、起的起，鬥新青群峰相迓，那高的高、凹的凹，叢暗綠萬木交加」。下一對句雖不如前「鬥新青」三字正，虧他想出，我在獅頭山確曾見此景而無力寫出也。今日為陰曆五月十七日，圓月遲上，夜色極清。

### 6月10日　晴

晨至紙業公司送保證買觀立無第三勢力關係信交與買觀鑫，信係致許孝炎者，開先亦允列名。出至萬象購詩箋，漢彌登託林在明購肝精送朱佩蘭。到立法院借支五百元，今晨袁永錫因其妻神經病得愈將出院，愁家用緊迫足以刺激病人，擬集一銀錢會，余借伊三百元，故需借支。出至凌同甫家食冰香蕉兩只，歸飯後得佳睡。三時工作會議，中山文化教育館及孫科藏書之在澳門者李大超運抵台北，擬儲存陽明山。又籌香港工會反正，經原請港紙四千二百餘元，余主撥一萬元以便因應。散會，同凌、陳兩嫂在梅龍鎮吃翡翠燒賣及酵肉麵，燒賣與麵可，酵肉不佳。至鄭家飯，有火腿、素雞。至錢家打十二圈，於月白風清之中夜坐車返寓，吟詩未就。

得彭蕭崇雲書，謝余集款周濟，暇日偕女來謝。

### 6月11日　晴，夜雨

晨整理寫件入一小箱，又整理破舊物。候張百成陪陳含光先生來，過午飯始至，略閱余日記及詩，陪至狀元樓飲紹酒，惟家鄉肉為合味。飯後歸臥，三時出席中改，有紀律委員會釋例三件，余略說明。六時至雷家飲白馬盃半並飯，雷夫婦病索食者以為例應供養，對某君不愉，此舉為老人於不知不覺間易於吐露。余年已望六，嘴又貪饞，對親戚世交間宜自知深戒。晚飯後走至

中改，參加第七次代表大會籌備會，推張壽賢為主任祕書，討論二百代表額如何分配。十時余返，雨點敲窗，浴池水滑，覺甚閒適。午後張壽賢自河內西貢歸來譚，云河內市有三湖風光極美，西貢之穗城中學至今尚在。壽賢慮子弦困於日用，同余至復興公司尋周召棠，未遇。在萬象觀馬湘蘭雙鉤蘭卷。陳含光母□氏與秦、廖至親，含光少時曾至嘉定。

臺南省立工學院之直屬第四知識青年黨部主任委員葉東滋辭職，定十四日改選，十五日移交，今日派余前往監選監交。

## 6月12日　晴

晨寫輓謝冠生母羅輓聯：

恤家國願減旨甘，五院騰聲欽有法；
看孫曾已森寶樹，七旬示寂笑拈花。

劉象山來助磨墨，寫就後往殯儀館行禮，正將題主。十時至中央黨部參加中改會決定代表名額，余主張無記名選舉，曾發言。總裁不主張完全無記名，謂無記名足助長派系。十二時余返，第二組派往台南者曰俞諧，余決今晚南行。余詢秦孝儀以角板山行程，秦答云汽車可經由大溪直至洞口，到洞口後再換坐兩輕軌之推車即可直達，汽車需時九十分，坐推車上山約須三小時以內，下山則不及二小時。角板山入山已深，大溪以後多屬茶林，山上景物亦不惡，有簡便弔橋兩處，頗涼爽，然非特別勝地，惟山女頗有雋秀者，已不復文面纏足。又云洞口甚深邃，漆黑可怖，鑿通及支撐工程簡單，坐雙軌車經過時水點著面，須帶雨衣，然亦頗有奇致。會中休息後，聞再討論考試出經書題，余

已不及聽。回寓飯，飯後整理行裝，仍得小寐。二時至凌宅食杧果，同凌太太至中華書局候陳嘉猷夫人，至孫伯顏處打麻將十二圈，今日孫孩有寒熱，故不能離家。七時余回寧園，應張院長道藩宴請中改全體魚唇席，三桌，黃國書不在，李中襄作陪，蓋任院長後經費上至此始略有活動而請客也。谷正綱上樓尋余，飯後李中襄、唐縱、徐晴嵐皆上樓小坐。九時半余至車站，在站長室遇圓山紀念周黨歌快指揮談修（字激揚），上海宋公園路人，赴高雄。十時一刻上車，二等臥車，與俞諧上下床。

## 6月13日　雨

半夜後頻起，於玻璃窗中望海，實無所睹。車過嘉義後余即準備起身，望中央諸山間白雲似絮條於山凹浮起，數里不絕。抵台南天已大明，俞諧同余上鐵路飯店，不能得房。下樓雇洋車到台南師範，誤拉入開元路，既近開元寺，余下車步回車站，重得車，乃至師範學校。于作生所住為樹林街二十號之二，于夫人正忙於赴工學院上課，格外求好，精神緊張。余拉作生至文廟路郁凌飛家，凌飛婦正臥床休息，云九月前孿生二女，一病則另一亦病，餵抱至苦。凌飛已有三女，止一子，希望孿生得二男，子女各半，今則為一男五女，不合理想，余慰之。出至開山廟謁鄭成功像，廟中正檢閱及齡壯丁體格，自身長、胸圍、下體、目力以及內科及各科，無不加密檢查，半裸壯丁排列整齊，無逃漏作弊者，內地不如也。出，坐車至公園路九十九號訪吳挹峯，年已六十有四，與女同住，女有二孩，庭中畜紅頭鴨、土種雞，余與談果夫死、立夫出國種種。余因後勤修車廠在鄰近，余入內尋許建元，門者云方老頭家眷已遷出。余於大雨中行水路中，抄木柵尋至後屋，建元叫余，方得其所，生一男一女，建元昨又為玻片

傷足底。余即出得車，與挹峯別，返寓飯。飯後臥，臥起周月娟來招，與伊同車至進學街法院寓所，李先生方歸。談台灣因有財產登記制度，隱匿作偽之事少，民事依判執行無困難，即錢債清償亦較內地為優。債務案初時甚少，近漸加多，以物價指數為評判標準。女子分母家財產初時以為怪，現亦漸漸有控案。伊講實地視察之一，舉某妨礙風化案，律師舉地點四說為不可能，及親往調查並令為現場表演，則一點不差，相姦者始不再置辯。又云迅速有礙審慎，不是理問辦法。余又問男女相姦治罪一條，李曰確有唆使告發已寬恕之罪者。六時歸，王委員仲裕候余于宅，王與于鄰近，前年及今晨余曾往訪。王留余今夜飯，王續娶菱湖潘氏，生女玉祺，治湖州紅燒肉甚美。方飲酒，曹崇文陪俞諧來商明日工專黨部事，崇文亦留飯，飯後食杧果始歸。

作生寓為其妻江陰曹簡禹教員住宅，有杧果樹二，綠葉下壘壘皆是，又有龍眼樹一。作生母氏勝，年八十□，有三子一女，女名于有年。簡禹叔父曹惠群為大同大學校長，秀才而為英國留學生，吳稚暉先生之學生。簡禹母范，宜興人，為范仲淹裔孫，簡禹聰明得母傳。

## 6 月 14 日　晴雨兼作

晨得暢便。早點食牛奶、咖啡、麵包、雞蛋，作生家人均食米飯後入學，余亦食半盂。九時姚頌馨偕夫人張傑人來訪，謠傳立法委員一群將赴安平參觀製鹽廠，頌馨匆匆去。余同傑人談五通橋三台慈幼院及頌馨幾被遣散事。汪傑樑為傑人母之義女，傑樑之在自貢市既嗜雅片，先以鄭練為面首，既以小和尚上海人為面首，性老生變，醜聲四溢。又談阿妹所患為傷寒症，傑人驗血已確知為傷寒，遣醫往治，而傑樑假慈悲使阿妹深信，請不相干

之醫生為之治療，死之前即奪其所生之子，後傑樑於牆上見阿妹鬼形，始設壇超渡並優待其子。頌馨云傑樑為女政治家，苟入正路不愁無成就，結局如此，良足悲歎。十時頌馨坐車偕沈子屏來，子屏今為副總經理，前次財務委員會售鹽頗賴其通知之力，董文琦亦有助力，若朱玖瑩則不擬如此分撥者也。余坐車至安平姚頌馨寓，頌囑寫題字，張出初到台南時所購日本小酒盃，余選得若干。十一時姚君送余回于寓，候許久周月娟來候，往進學街二巷伊寓飯，地方法院院長福州廖嶙（子厓）、高等法院分院長武昌程元藩作陪，吃蟲目魚二、雞及蝦、雪菜等，菜病太多。飯後送回，候至三時俞諧、葉東滋來候，至工學院晤李正、秦大鈞等，隨即開會改選，莊君言為第四智識青年黨部主任委員。余講學校黨部之重要，台灣同志領導內向及工業民生主義化之必要，所講與黨八股略異趣，聽者動容。散會，至工學院院長秦大鈞官舍晤其夫人顧氏及祕書黟縣孫洪芬。大鈞官舍前為王石安所住，今孫洪芬臥房即朱振雲所住，而王石安所住為今客室左偏一間，近在咫尺，顧夫人云此捉老鼠之所由來也。余等坐車巡視學舍，每一科系為院，講堂、實驗室成四合，中庭為廁，樹木、房舍皆比台大為整治。學生八百餘，女生不足十分之一，原始交代清冊無之。歸訪葉東滋，東北人而留學德國，談原日文工學院之報告尚有存者，此為日人南進侵略所為之養成所，台灣人祇四人入學，大部學生皆日人也。俞諧到時方飯，余同孫先生飲酒，譚蔡子民先生軼事。飯後歸，同作生訪薛伯陵，未晤。至張忠仁草廬，見戴季陶信札中央黨部設各部會組織不列入總章之道里。回寓，劉騫若、曹崇文囑寫件，僅為作生寫一聯，尚貫氣。浴後得美睡。

## 6 月 15 日　晴雨間作

晨整具，食咖啡、牛奶後，同于作生、曹崇文至車站，適有自台南開往屏東經高雄轉向之汽油車於九點開出。上車清潔風涼，過左營大雨，頗為豪壯。高雄棧長黃壽峻在台北，崇文為余尋覓不到。余與作生至鳳山站下車，得一三輪送至校中。操場之前半正在建築四樓四底之講堂，下半已築成，汽車無臨時過道，三輪行水草間。勁夫見余二人至，甚喜，今晨正殺雞，譚龍沽家又宰一鵝，大笑余有口福。中午飯，龍沽夫人亦來。飯後游大埤湖，自校出，見人奉鎮公所命正勘伐樹枝。出鳳山北門，經赤山鋪，行向烏松之路，先過熱帶植物園藝場，依赤山，北嶺云有精舍，未入。將近烏松，左有工業用水源地，車轉入西北向則見大埤湖。余等尋謝仲仁之子修本未得，見其媳方抱子居化驗室之前半。余等參觀溜水池，其最後一池方翻沙泥。是處林木尚少，不如仲仁信中所云之佳也。觀畢返校，夜譚龍沽留飯，其妻□南宿州人，蒸鵝中之芋芳及青菜、蛋糕片均佳。飯後天雨，有吳君同秀來談黨政間事，云屠宰稅有走漏：（一）軍隊宰豬票每百頭約可多宰二十頭；（二）花印蓋於豬皮雖極緊密，但瘦肉仍可剜出走私。

## 6 月 16 日　晴雨兼作

陸軍軍官學校溯自黃埔，今為二十八周年，今日舉行校慶、第二十五期學生入學。余得鳳山縣政府主任祕書車，於食麵後上車，甫行抵牌坊，劉象山坐車來接，余換車送于心澄上鳳山車站。余等經鳳山南街，過誠正新村，而入陸軍軍官學校，校長羅友倫及蔣經國迎於門，余遇黃珍吾、竺鳴濤、傅啟學、沈剛伯等，在休息室少息。九時至大操場司令台，坐於台上，前排為賀

衷寒及任培道，台下見江學珠。九時總統閱兵，上車時雨，雨至
下車時止。次為分列式，次總統訓詞，又唱校歌，乃休息。二十
分鐘後團體馬術，馬跳浜為美，跳火圈無大成功。次再有體育訓
練，托棍及刺槍，余不欲觀，乃回高雄縣黨部休息。在象山房子
觀孔德成書，一大中堂頗貫氣。回伍勁甫家飯，約返大陸後攜其
女及勁甫游美國。伍為台山五十鄉人，台山有三、四鄉伍氏族眾
甚大，在美集中紐約，有伍胥公祠，伍天生亦其族人。飯後高雄
車站派中型吉卜車來迎，至高雄站長室小寐，二時洪君來，允為
覓臥票。余至國光，錢弟及徐妻引至新興區修洋傘，並引見錢錫
元妻、女及岳母，其前街即為戴恩沼寓。恩沼婦方病，昨多飲、
冷食，其子已能講能走，余食西瓜及話梅。候至四時，同車往尋
陸長鑑夫婦，皆健康，二子一女亦佳。自此走近路至鋁廠尋方祖
亮，號房用電話接通，余與通話，祖亮到大門。余在營業部購鋁
製旅行箱一隻，祖亮云論鋁之本錢祇值六十元，人工貴，故索價
二百五十元。余同恩沼乘三路車至擺渡碼頭，以二角錢購渡船
票，上船即逢陣雨。上旗津岸大雨，休於一釣具店中，候雨點較
小，隨一學生至水產學校造船所，得晤黃廉卿，伊來此已三月，
為教員及造船廠副廠長。余上身衣濕，隨即換衣，至國民學校訪
葛建時夫人姚兆如，見其三女皆彬彬有禮。余等尋海軍餐室，而
星一下午為公休，改往一福建館，廉卿督廚三菜，下飯甚省，蒼
蠅驅而復集，三菜中亦無不清潔處。兆如引莆田林啟祥（字仲
熙，水產學校教導主任）及振東農場生長之馬兆昂，略談當年日
人營此埠為南進造船所，有廠三處，員工七百人，遭美軍轟炸，
今惟賸國民小學及教堂兩建築。八時半乘渡頭返，乘一路車至車
站餐廳，方祖亮提鋁箱候於茶座，錢錫元攜所修傘同唐堯生來，
張伯華為繳頭等臥車票價，攜車票交余。劉象山以當地主任委員

來站恭送，錢錫元購木瓜、鳳梨、杧果兩籃，熊旅客土任送余上車，軍官學校亦派員來送。余與蕭自誠同車箱，自誠語我連戰鬥演習在大操場南，望雲山、獅子山之間，營戰鬥演習在大埤湖之西南，和尚坡、林子山、大華山等地，題為湖沼地區進軍，以騎兵渡河攻擊為最精采，先以大炮放煙幕彈，煙霧迷漫水面望不見水，馬群隨即渡水，此次蓋為喚起學生軍事興趣。夜睡尚可。

## 6 月 17 日　晴，間亦下雨

車抵新竹，天放光，鄰廂施逸生同谷正綱、張其昀同陳雪屏、胡健中同張道藩、郭澄同谷鳳翔皆起譚天，道藩亦得八分安眠。八時至台北站，自誠候余上伊車久之，余辭謝。余尋獲行李後，坐三輪車返寧園，鄭澈奉母命，以余昨未往飯，疑余病來探，余贈以水果。焦立雲備水，余浴，浴後覺倦，整理乏力。飯後睡，睡起施振華表姪來辭行，伊云金生麗已往大成，季通在金門，陳堃懷遭賊偷皮箱，伊將來還求余助，伊交余鏹字第 0140147 號軍人保險證，謂萬一不幸，可得新台幣約二千，捐與賓初獎學貸金委員會。余以蘭表妹遇人不淑，施長千於抗戰時失蹤，僅求栽培此子，而自國立二中卒業後，學空軍機械將成而改空軍，又因飛行不及格而遭淘汰，余求周至柔允入空軍通詢，既畢業而其志願如此，余屢勸不從，深悲之也。余與侯佩尹對坐無趣，乃攜酒至梅龍鎮飲啖。歸，攜水果贈探斗，遇羽霄。後至鄭家飯，飯後向劉文川貸小款，湊數貸與黃振玉。入中改批牘，參與總章修改小組意見題目之討論，諸人又推舉余起草評議會職權，谷正綱送余回。谷正鼎來訪，未晤。

晨發張傑人所送酒盃，打碎九谷製外青花內紅地金魚壽字盃一隻，甚可惜。楊南村來信求事。謝長茂信云將被推為校長。

　　夏敷棠來信願參加書展。范望來信有邵筱珍放南斐總領事，伊想出外教書，或服務報館或公司及商務機構。凌銘來信，伊得船長之助在原輪兼職，餬口外稍有節蓄，但每日工作需十五時以上。

## 6月18日　晴

　　晨食粥後尋王為鐸地址，與雷寶華約伊南靖車以二十一日至嘉義來接。至立法院取得配給布五碼。至中華書局晤姚志崇，知江一平作保之寫給陳霆銳和事之信已退還給志崇，陳又在經濟部、保安司令部以其自身未參加從中阻撓登記，又到華繹之老人處閒言閒語。余至廈門街99巷華繹之處說明之，見伊所發明之磨墨機，以冰廂馬達兩線者插入電燈插頭中，馬達速力每分鐘一千六百轉，而用手磨墨則為八十轉，因之墨座之下設調節器者三，使轉數減少，上置特製之硯◎，中孔插入機柱，再上則為墨凸架，四面可插入十餘條墨，長短大小均可夾入，用釘夾柱。墨既裝平則上於機柱，先懸空，放水後放下觸硯則開機使轉，不需半小時磨墨已濃，隨將墨凸架懸空以機管住，不爾則墨膠於硯不能動彈，墨亦漲大不能細膩。華君發明此機已十餘年，其初馬達聲響，馬達轉得過快，墨水四濺而墨不濃，然後方知水磨工夫，古人蓋已深究之矣。在此機之前，浸墨於熱水瓶、敲墨使碎，皆試驗失敗。華君次發明藏濕筆法，其言云筆用後不必洗，洗筆必耗去墨，餘墨尚可寫一、二字也。今藏濕筆於大銅筆套中，筆管下端紮一布圍，厚約三分，使筆在套中四面不靠，毋慮傷筆。筆外層塗以火酒使不腐敗，火酒之中浸以冰片或樟腦使不霉。次講銅夾拉紙不捲法，老人云君亦喜臨池，知此中甘苦也。出至凌家取賭贏。歸，朱育參來，同在山西館飯，飯後臥。吳阿

龍托詞往台中來索錢，卻之。施振華來索舊箱，允之，振華去時云至第二廳。余寫現代國民基本知識叢書書籤，至五時半浴。浴畢攜酒與蝦及魚鬆至北門候十二路車，時方退公，車上人擠，北門不靠。余先遇魯蜀芳，云夏天診所空閒。余遇李向采夫婦，亦不得上車。余同秀武同乘三輪，伊至照安市場下，云前此兩星期皆準備余往餐，火腿、蒸醃鰻極美，余兩次不往，須賠償損失。余至長春路，同志崇移小几於路上飲酒，志崇喚臭豆腐干擔來，隨煎隨吃。飯時有干貝湯、油麵筋及燒豆腐，飯前後西瓜。八時始別，陳嘉猷夫人以莊太太述孫伯顏夫人種種因而動氣，今日飲酒蓋解之也。夜八時籌備會，張壽賢就祕書坐而不願為主任祕書，討論名額分配選舉方法，諸改有不為代表及戒其部屬在選舉中迴避之議。十時半出，壽賢又約余及羅家倫商居先生遺集集稿事。歸寓，秦啟文談鐵路局財政已瀕於危境，財廳逼錢之後，煤款、薪水皆極困難，莫葵卿擔當危難，極具決心，啟文已辭三次矣。

## 6 月 19 日　晴

　　晨寫書籤完成，太匆匆，未能悉當。河北王君來，譚王秉鈞以劉燕夫為大將，而劉實曾任漢奸，李中黃以專論地方自治作本錢，其目的在吹成內政部長，兩人均於全國代表大會中拉人簽名上書，總統云可為內政部長，真是可笑。余整理行裝後，運入台北車站站室。至黨部而知汽車須送醫生，往李君佩處。十時中改會，張其昀報告吳國楨來商米價官收，可否自八十元加至九十六元。谷鳳翔云不能收成一次加價一次，省縣參議員地主居多，每開會則以是請，且米加價在先，公教人員加薪在後，豈非弄笑話。總裁命下午開會審查，余至休息十分鐘時在合作社叫飯，在

辦公室食之，始知熊東皋病故，熊湖北人，患肝病，開刀不愈，
余輓之云：

守正在羊城，君曾於危疑震撼之中，獨排眾議；
病軀得蟬蛻，我深恨藥石刀圭已遍，莫救斯人。

　　出至車站，為時尚早，乃至殯儀館，谷正鼎、徐源泉、仲肇
湘、張道藩均在，熊妻麻衣啜泣，瘦至不成人形。道藩在中改開
會已告我院經費稽核委員會中人，前次柴春霖之喪怪衣服棺木何
以不經採購委員會，今日又遭此喪，如何辦理。余作諧詩云：

委員接一連二死，院長便成總孝子，
殮具要經採購會，百姓聽了要笑死。

　　十二時半至站上車，見余所寫「大家遵守秩序，共同維持清
潔」製成鏡框，每節車均有之。列車長某君送雜誌消閒，對坐先
坐一中央日報南投外勤□傑，云米價不必漲，今日應有螟患，患
不重而豐收，加收幾及十之二。次助一寶山蘇亮如，係王延津
所介紹，余一見面知為香港新歸者。云在台北開店最笨，捐稅開
銷無利可得，余不得已以六千港幣赴港一次，除旅費，得貨不滿
二箱，所攜無違禁者，關稅照捐。入台後將貨售罄，則可維持八
個月，每月開支一千餘元新台幣，若以入台證飛機上帶一箱，輪
船上再帶一箱，則所獲尤多。又曰嘉定同鄉某經營滅火藥水，裝
入瓶中本錢三元五，售給警察局五元五，警察以防空為名挨戶推
銷，售十五元，謂上頭所派，每人須購一瓶云。七時半車抵新
營，余於早晨拍一電與謝長茂，長茂夫婦來迎，坐汽車至一公共

操場，轉灣即為公誠校，長茂住校對面四間，其子如岡已會行走說話。謝弟長友聞余至，自岸內回。謝同學朱彭年攜妻黃、三孩住在長茂舍中，朱君同飯。飯後安頓余在招待所中，房舍頗大而管理不甚善，但余頗得安睡。

## 6月20日　晴

晨起寫日記四行，謝長茂來，同往謁袁善百（祥），係新營總廠副總廠長，杭州人，北京市長袁良之長子。其妻李茂實南京秣陵關米商之女，王孝英長務本時之學生，今為公誠代用國民學校校長，已歷六年，願得謝長茂而讓校長職位者也。同袁君夫婦到校，適升旗，小隊長分隊向小主席報告人數，余演說說話聲音須響亮及名詞數目字之重要，說畢參觀一周，校舍係以倉庫一排改造者，鄰有屋舍三間，又為五四四軍佔用。出，在慧齡家食袁先生為準備之早點，即坐吉卜北行轉東，經安溪、烏樹林、白河而至仙草坡。車停集後，自此泥路登山則為關子嶺之後面，斜升約百步曰大仙岩，有寺，塔殿門房規制小樣，皆填紅綠，極為俗氣。自橫路出，為東向登山窄道，叢灌遮風，烈日灼地，登涉極苦。余等擇有風處稍立取涼再上，鋼架上運石，有弔箱。余等遇男女擔柴者數起，休於一涼棚茶座，余等喝開水數碗，以冷手巾盥面一次。再上則為一亭，有長面楚楚女郎休擔坐亭欄，閱牌知為大仙岩水源，水清而冷雋，余等飲時以手掬水，極美。臨行問女郎肯照像否，遭拒。再上數灣，有一道直上高嶺，遠望若綠牆者，捨之。余等取小道，經數水淖則得灣路而清潔者，疑以為碧雲寺矣，復不然。十一時至寺，自側門入，越尼僧房舍而至大殿，殿上陳設甚精，東有石磴，余等坐定納涼，飲焦米茶，索熱水特泡者，味不佳。聞木瓜美，命侍者取來，謂三日後始可食。

膳在西側廂，六人一桌，六菜一湯，有澎湖游客三人合席，云軍隊初至澎湖，因言語不通而誤會，近時無欺侮百姓情形。飯後休於東樓，樓下有刻殿上雕花板者三名，人物、花鳥皆精，有兩和合捧「護國佑民」木額，衣制殊淨雅，疑有古本也。樓上有人贈墨漆木椅，一堂矮適，余等坐於是，穿堂有風，極美。余並在內室榻榻米上休息一刻鐘。殿上復見小龕，扁有日本人書四字甚活潑。出寺，又遇前喝水處曾見之女郎，始悉其為寺前雜貨店之女店員。自此上水火同源約十分鐘，須先經石油礦之鐵塔，貼謝絕參觀條。水火同源處有大油箱三，茶店之男老闆為油廠之工人。茶館兩家，余等休者名雲風亭，油廠工人所開，妻頗活潑，有四孩。火出石罅中，泉湧火下，泉為熱水，兩茶館以鐵管引火煮茶，竹管引水供人洗面。朱君購手杖有鳩頭者贈余。忽兩茶館客散，余等問茶侍，殆將雨乎，侍曰近日每下午三時此山豪雨。余等急行，朱君忘帶照相機，茶侍呼曰照像機君等未曾云贈我也，其風致如此。自此再上不久即為下山之泥路，經二集下竹林捷徑，則為學堂、公園及神社改成之大成殿。自此下石級則為關子嶺集，先至一大廳，有梁寒操書聯及中堂，下俯溪流，女浴客佔滿。次至關子嶺浴場，浴室悶而池不潔，余等捨之。過橋得吉卜車，余坐，朱君等倚橋柱照相，余以磚坡及市集為關子嶺景色最短處，並照相興致無之。下坡處又有出火處一，無人問之。自此出左為山腳，右為山壁，下為石溪，臨溪有一三層樓佔勝處。自此循公路出，景亦不惡，有浸水坍房處正興工建橋。過兵工正忙建之陸軍醫院則為仙草庵，晨自此上山者也。自此直回，行一點鐘，四時返第一宿舍，略休即至袁善百家飯，錢元龍、吳若萍、朱彭年、謝夫婦及如岡同飯，飲啤酒，有素菜。飯後吳若萍之弟敦永、養雞失敗之戴君均來談。十時歸浴即睡，今日霉帳洗淨，甚適。

## 6月21日　晴

　　晨起寫日記時，謝長茂來宿舍候早點，舍中吳科長敦永已備粥，未食。出，參觀南光中學，有學生數班方升旗，至公誠校，亦在升旗，在長茂家吃麵包、牛奶，即歸宿舍。十一時姚頌馨同一友自台南來，余略整行裝，即往錢元龍家，君門先生之姪，其先人青海亦徐少逵先生之學生，廿三歲中舉人，早卒。元龍夫人□□無錫人，余等入即開威士忌，食蝦、蟹、綠筍，皆家鄉味，筍最佳，袁善百、謝長茂亦來同席。余飲酒至瓶之三分二，乃坐車經後壁至南靖，長茂送至南靖糖廠招待所。余晤周厚樞星北廠長後略臥，同管理員坐車至嘉義車站，陶站長赴北投受訓，余晤許令鏞（京生，弼丞先生孫），定得半夜一時臥車票。既至興中街訪王子壯夫人，未幾為鐸亦歸，同至融劑廠對面觀為鐸應得之克難房，兩所連合，自加一廚房及水泥地，約費二千元。子壯嫂求出售興中街房與公路局第五工程處，價連電話索一萬五千元，余允助成此事。余再至西門街三十二號尋顧授書，全家正搬台北，未遇。出，在竹簾鋪購一上市籃，中央噴水池邊新台灣餅鋪購神木羊羹，豆沙和粉之食物，另有一種名新港胎則不甚佳。歸南靖招待所，路旁有北回歸線標誌，蓋所以計北緯二十三度半，北為溫帶，南為亞熱帶。南靖為單邊街，糖廠為主要建築，招待所係葺舊房而新之，略有園亭布置，其左後有樹蔭道通禮堂，右為十萬元貼鋼條建成之俱樂，作〰〰形，余略休。星北夫人鍾氏、安副廠長及其妻童氏（重慶童家溪人）。晚飯飲高粱酒，為嘉義酒廠製者，菜有素雞、炸蝦，用沙斯買擁南司佐食甚美，鍾夫人薦南京板鴨，不肥而鹽，又有肉丁花生，須加豆腐干辣油方美。余請以蝦仁蒸蛋，蝦仁先已炒過，蛋不鬆，油亦不縠。冬瓜鐘湯佳而海參等不酥，燒豆腐合度，燒素雞過鹹。最後仍搬出雞

湯，湯已入冬瓜鐘矣，無甚佳味。諸人論做菜，極高興。星北民初已為教員，反對省教育會派反對任孟閑、簡照南，歎所派之留學生因馬玉山糖果正在盛時，故從勸赴美習製糖，比歸國而馬玉山失敗，於是辦理揚州中學、樂山技術中學。至卅五年至台，趙迺傳為陳儀之學務處，堅請接收台南工學院，星北未允，即來南靖為廠長，以至於今。南靖糖廠受美國轟炸甚力，自機器、屋舍皆逐漸修理，歸新營區管轄，自屏東、虎尾而外，算得到南靖矣。今夜有勸種甘蔗台語劇，余於寫字既畢之後曾往參觀。寫南靖糖廠聯云「中原無書歸不得」，係杜工部句，余對「南靖有約醉方休」。十一時十分，於陣雨將下、雷電橫空中至嘉義車站，許京生陪余福建館餛飩，徐步往還費時不多。自十二時半至一點最難消遣，京生喚廣播女郎吳玉英、蔡月演來談話，皆不肯來。一時京生送余上二等臥，余臥上鋪十九。

## 6月22日　颱風雨

晨過桃園後起身，抵台北站，有溧陽同鄉在交通處任職之鮑尚文為余提箱，余坐人力車歸寧園浴。彭蕭崇雲攜女來謝，余贈彭女荷花兩朵。余再攜荷花、羊糖送李向采，今日正登報徵求傭人，來接洽者不少。余食稀飯而還，時大雨已過。飯後梁慧義來，知伊夫案未結。既而侯佩尹、王鴻磐、汪經昌、趙守鈺、張善薌、周雞辰及其子女上樓飲酒，樓下崑曲唱賜福、南浦、受吐等。明孫戒奶後稍瘦，文耀聞包文同來信叫伊自七月十七日起到院簽到，小坐即去。伊謂自迪化街至寧園走來極難，寧園來客亦怕見，何能至院中耶。余云萬一失就余能供養，伊曰此與立法院有就大異其趣，將來回大陸有職人員得許多方便，又謂神經衰弱病，其痛苦非身受者不之知。言時流淚，言語思想皆清楚，與前

日勸施振華勿到璜涇即到上海、勿見熟人，語皆準確。施振華則於二十日留一相片及字條，云「我去了，一切自己會當心，望大人勿念」。六時余至陳嘉猷夫人處，並打牌四圈，飯後天涼，天雨意極濃，余返。邵介堃患口腔炎，熱曾高四十度，經醫治愈，今晚亦歸。

　　日間張懷九先生過訪，為出售汽車與中改事。汪漢滔廿一日來書，毛同文二十日到伊處，約余往汪家作半日敘，漢滔律師不足維持生活，擬賣字賣畫，寄來影印之書樣畫樣。謝仲仁未能在大埠湖見余，寄詩兩首祭母云：

釣得大埠魚，盤香遙祭母，
坑東蔡肚內（兩地名，母祠墓所在），一念一淒楚。

　　真摯可誦。

## 6月23日　雨，地震頗似三級，在九時許

　　晨中央紀念周，見鄧孟實，未通話而離開。赴圓山紀念周，在中央報告者為谷正綱，圓山今日軍官訓練班第三期卒業。會前余同周至柔、桂永清講笑話，至柔背十七字詩「橫量」、「差多」、「三行」，為余弟畫三所最愛講者。桂君聽余倪文雅詩謂君武乃作推背圖耶。總裁於紀念周主席，命人讀今後剿匪戰術之檢討，以祛各學員心頭之惑，休息後又舉四事：（一）軍人宜以懂得軍事為主，旁鶩易致失敗；（二）日本教官將去，美國教官將來，我人基本教育已完成，無論何種教材易於接收；（三）自立更生亦接受人助，惟不存依賴心；（四）戰事自民國以來不知多少，而戰史不具，真是空打了仗，今後陣中日記宜細寫親閱，

又需注意日時分秒時間的紀載。十二時逼近始散，余歸飯，飯後王子弦攜孫女來，余與商評議會職掌。二時許余途遇侯佩尹，飲鐵觀音茶，食麥片，並作小睡。六時至鄭家飯，葱椒芋芳、白切肉，味甚佳。歸赴劉文川處還款，值伊濃裝在，外出觀電影，經西門町在雨中，崔載揚張傘送余，在寧樓坐譚，天垂夜幕始別。將上床，樓上地震甚猛，逃至樓下，遇鄧惜冰。浴後倦睡。

## 6月24日　晴

晨方起身，吳裁縫來送所製成之夾衣，祇肯收一百五十元，極客氣，惟裡子綢染得紫灰，不甚美觀。祝毓來商案，北大同學牛存善來商歡迎南越觀光僑團顧問黃維齊事。報載昨夜地震為三級弱，比上次為可怕，余對地震已有戒心。余至立法院訪李笠候，不遇，至重慶南路訪潘士浩，遇之，至泰順街訪朱文德，仁愛路二段訪陳志賡，亦不遇，皆親致彭蕭崇雲謝啟。余致顧儉德家，洪叔言方如廁，聞近日更吵得不可開交，索水果、索女色，罵儉德小氣。桂伯云蘭伯為石女，不可伸一指入，近已商四阿姊陪叔言，四阿姊有會項，大概須六千圓方可歸妾。叔言、蘭伯今陪朱人德開刀入醫院，將來不知何如也。余又為王道之書「航政概論」四字親送往，遠遠望見道之臨窗作書，如陳最良唱論六經然。道之所著書余為題簽者已四、五冊，道之意在書簽後登一啟事，謂書簽為太倉狄膺君武所書云云。余持不可，謂將難以應付，並增余對自己之不滿，若暇日由嫂夫人約素心二、三小麻將小吃偷偷作樂，莫教人知道則未為不可。三時余參加工作會議，（一）疏散造鋁房，余主木房。任用服務考績三條例，余主召省縣同志，由第一組審查。張默君請以中央給邵天倪之歲費改給其孫，余謂不好起例，但祖母年事高而孫尚幼，若為孫籌教養，中

央給一次過若干元未為不可。會散，張其昀謂給五千，余謂不如
給六千，表示於無可設法之中特為加增之意。五時天雨，攜高粱
酒與味經父子同飲，酒味頗美。八時復至中央黨部參加修改總章
小組，僅到雪屏、正綱、鏡秋、鳳翔及余五人，余起草之評議委
員會職權，眾懼黨中心力量二元及事務上之不周到牽及實質，均
主不設會而由總裁聘任，職權留一、六、七而改第四為建議。次
討論總章三章，十時乃散。

中央評議委員會有權評議之事項條例如左
（一）關於三民主義及總理遺教之重要詮釋
（二）關於促進世界大同之研究
（三）關於建國之大政方針
（四）關於黨務及政治之重要興革事項
（五）關於全國代表大會決議案執行上發生之重大問題
（六）中央委員會提請評議事項
（七）總裁諮詢事項

## 6 月 25 日　午前晴，午後雨

　　晨吳瑞生陪沈元明縣長來譚，沈前為太倉縣長，今在陸京士
處為幹部，四十年上半月曾至南京、無錫、蘇州、常熟，住上海
者三月。謂太倉人李定一、唐祥伯心向本黨，陸增福、王家雯、
朱樹人、張啟龍、王正廷、王樾、沈玉祥、沈靖華、盧天生（縣
銀行經理，在崑山槍決）、呂燮華及嘉定侯史封皆已處死。縣長
仍為浦泰福，匪黨雖不深信浦，尚用其人，而以山東幹部二人為
副縣長。陳士琴四十年前有殺佃人案，浦聞其父曾言之。浦親打
死之朱樹人，接收時曾受人金，亦非廉潔之輩，死亦無可惜。浦

去，陳嘉猷陪姚志崇來譚。祝毓來商升林玉存為總幹事，已得李
先生允可。余出至雷家，知李夢彪病腸出血。至張懷久夫人處報
告中央黨部無意購進汽車。至泉州街鐵路飯店二號訪鄧孟碩，未
遇。至中本晤趙耀東，語以鄭澈事，耀東謂束雲章亦自是成性，
除伊所主張者外無一可者。至永安晤朱鍾祺，知伊放於當中者約
十萬，永安尚靠得住。□□□經濟狀況至不佳。余得中本通知，
自七月一日起對各戶借款利息一律按照月息四分五厘計算，曾商
姚志崇，允給六分，鍾祺則謂八分監督住亦無問題，深足躊躇
也。余至復興書局訪王豐穀不得，訪陳保泰不得，晤閣寶蓀律
師。歸，至凌太太處譚，莊太太與孫太太間不睦，莊向陳太太搬
嘴之女人見識甚為可笑。歸飯，飯後臥。與項蓉書及王雅書，得
譚訓聰書，伊畏花蓮地震颱風，擬求調台北，又云唐亮在港為人
開鎢鑛，日無貨出即不得工資，求得入台。下午四時，雨中覺
悶，先尋錢中岳，再尋張百成，遇陳惠夫、趙耀東約星期日午
飯。余先於路上購甜鹹燒餅二，吃至中本，至是又吃咖啡兩盃。
出，至陸孟益處，無家鄉消息。至總統府之後，遇李寶謙，見國
防部散工車二十餘輛浩蕩成陣。至雷家，在雨中，今晚宴彭醇士
及小樓，雷夫人寓居北碚竹樓之伴也，飲王博士所釀酒。李夢彪
告病危。飯後余送彭夫婦回，方至中央黨部，八時第三次籌備
會。余說在七次代表大會中改造委員既列席，則中央執監亦列
席，候補已無可補，而在台之人數少，依總章可有臨時表決權則
不宜分別，如以選舉中央委員而言，下屆既定人數少而有當選標
準，則選舉人之多少，被選者不會出中央豫定之外，中改及中委
全改為出席，而作一喜慶的結束，亦無大可慮事。本晚討論選舉
法及組織法。十時余歸，浴後抹席後睡。彭醇士索余詩，欲刊入
三台小雅。

## 6 月 26 日　晴

十時中改會，總裁亦主中委、中改、評議皆列席，董顯光、沈昌煥報告紐約時報猶太人沙士盤格來台批評，沈昌煥又報告頭克、退欒、華侃諸人之意見，謂中國前途時有美國輿論有關實不幸事，美國輿論有指摘時應說明，事出有因者應改正後再說明之。美經援經援定一定增加，美在台灣應派大使，美大選紐約時報取超然態，但亦不贊成用帚掃塵辦法，而主攜地毯往門外撲灰。華侃著拉鐵木兒與太平洋學撲灰論著也。羅志希云沙士盤格云台灣軍事、經濟可觀而政治似趕不上二者。胡健中對英國工黨宣言等五事。十二時散，余攜酒至錢家飲，晚上有粉蒸肉，共打二十四圈。十一時返寓，李夢彪先生患腸出血，下午八時十分卒於中心診所。老年敢說，風骨崚峋，與余常會於雷孝實家，亦風趣甚多，年止七十有四，惜哉。

## 6 月 27 日　晴熱

晨至殯儀館，遇張耀民等，知李夢彪過台中，李捷才延醫，醫生王孔璋謂李害病不輕。比歸台北中心診所不知何病，為之灌腸出血，監察院又困於經費，輸血尚欠一萬餘元。余謂入院診斷宜有名醫，治病宜寬籌經費。出，至監察院，院長于先生黯然悽楚，謂余李先生又去了，余謂損失一員上將，敬悼鄒海濱夫婦、谷鳳翔、楊亮功均在。余出，遇立法院同事凌英貞，告伊求束雲章收存彭利人夫人存款，又謁譚嶽泉，託伊關照嘉義第五工程處收購王子壯夫人房子。歸飯，飯後臥，臥起即赴蓮園出席松蘇太月會，棚蒸極熱而無風扇，曾虛白講注意英國之狀流，鄭子政講台風、地震，余講會館可否建造及磧砂藏經。五時散，同陶一民、邱紹先北熊同食杬果冰淇淋，美味。至朱鍾祺家飯，碧子腹

已隆起。同周□□打排八圈，十一時返。陳君約星二夜飯。陸京士來閒譚，約下星期二同赴大溪。

## 6月28日 晴

晨紀律會，祇到馬星樵、吳鐵城二先生，對未納入組織之處分從寬。鐵老關節炎未愈，兩手尚在灼治中。李君佩先生之病一在運動少，二因無人照料，鐵老云如此，祝毓以為確。十一時坐三輪回，中華文化出版委員會酬余寫書簽金五百，余受二百，在彼識宋書同妻弟邵祖恭祕書。下午二時半至開南商業學校參加李夢彪治喪會，校中禮堂皆課桌，不便開會，會改在社會服務所，到者甚多，籌措醫藥喪葬費四萬，仍覺艱難。出，到李向采寓，秀武方不樂。飯時李薇講顧敬基磨墨機，朱瀜道士字靜波，善書，又講郭某五百元捐官為人治病事，又講如皋雨鄉庵有「掛草鞋處」四字，寫得極好。飯後同秀、蘅過會通橋，入一幼稚園參加畢業典禮，又至陳嘉猷夫人處納涼食西瓜。歸撰李嘯風輓聯三付。

余輓

彈劾案震耀全民，為職責無餒之文，斯必具有集義所生之氣；
天下事終將大定，是直諒多聞之友，乃相失於同舟未濟之時。

代弟子廣祿擬

邊事亦多艱，算將來疆復伊犁，仗有恢奇老輩在；
師恩何可負，痛此日山頹台北，難於喪葬服勤周。

代阿不拉多

喪老成則內外同悲，無論監察與立法；
失邊陲乃腹心之患，誰為後輩說新疆。

## 6 月 29 日　晴

　　晨洪西恩來，邱威震來，丁□□來，皆助余寫對。十時參加
李嘯風大殮，余聯請于右任、賈景德、陳含光、張默君、成惕軒
閱之，皆以為可，惕軒下聯對得流利。殯儀館熱極，余即回。
十一時至趙耀東家，飲白蘭地一瓶致醉，陳含光、張百成同飯，
飯後郎娭唱戲。余三時回，臥至九時始醒，赴麗興食餛飩。

## 6 月 30 日　晴，下午陣雨

　　晨往中本取本利，自七月一日起存款月息改四分五厘，乃移
中監會員工福利至中華書局，仍為六分。又移中監餘款至復興書
局，王豐穀說可八分，余親送至葉溯中處，仍為七分。處置已
畢，而徐向行來提二千五百元，搜款與之，頗費張羅，同在北熊
飲杞果冰淇淋。余到凌家坐，雨，知陳太太昨日候余打牌。至鄭
家飯，明、皓均在。歸晤錦姪，知昨日酒後哭母，今日腹瀉頭
暈，錦姪勸節飲。晨中央紀念周，陳雪屏報告第七次全國代表大
會籌備情形。

**雜錄**

中本存款記數

1. 中 62 號，狄君武，一萬三千元，每月六分利。

   一月三號，二月三號，三月一日，四月三號，五月三號，六月三號，六月三十日。

   每期存息，七百八十元，扣所得稅二十三元四角。

2. 中六十三號，狄膺，二萬六千元，每月六分利。

   一月三號，二月三號，三月一日，四月三號，五月三號，六月三號，六月三十日。

   每期存息，一千五百六十元，扣所得稅四十六元八角。

3. 織字二十八號。

   五月廿一日存 2,000 元，六月三號又存 2,000 元，共四千元，五分厘。

   六月三十日取出一萬三千元存中華書局，仍 6 分利。取出織字二十八號四千元存復興書局，七分利。

   內鍾鑑助人款約為三千元。

孫午南，新竹縣黨部主任委員，七月一日偕劉象山來訪。

孫仁，連雲街四十九號。四十一年六月廿七日晨二時二十五分產一男孩，重七磅二兩。海蜒一包。

宋書同，新竹中正路地方法院檢察處。

傅國韶，上杭人（屬福建），中和鄉頂溪村 222 之一，巴黎土木工程專校畢業。

沈元明，大溪鎮中山路三十七號。

牛存善，延平南路七十二號，六九二九。

黎少達（恭芳），桃園人，文化出版總幹事，囑寫件。

李中襄（立侯），仁愛路二段四十二巷十七號，電話 6337。

李晉芳，開封街一段 99 號，電話 7289。

鄒馨棣。

汪紀南，金華街二百三十五號。

談修（激揚），北投唭哩岸公路車站旁，立農里 116 號，電話
　　　　國防部北投總機轉。

何惠民，新竹中正路一二九號。

王洸（道之），和平東路一段麗水街 33 巷十八號，電話三一五一。

彭蕭崇雲，廈門街 147 巷三十四號。

蘇亮如，至誠公司，南陽街二十號四樓，二四三六。

李慶鶴，台南分院推事，浙江人，松江因。周月娟之夫。

黃任，台大講師，求美匯 2,400 之證明。

楊南村，虎尾龍岩糖廠副產工場。

夏敷棠，士林三玉里四十五號。

鄭練，鄭浩然弟（洪然），潘仰堯妹夫。小和尚，上海人，姓
　　　□。陸阿妹。

蕭崇雲，彭利人夫人，三重鎮中央北路六〇號，六六八三、
　　　　七四二四，中央印製廠。

沈東美（琪），館前路八號三〇七室，4145，六條通十四號。

邢漢剛，新莊。

辛學祥，新竹延平路一七二號。

楊公達，南昌路二段七號。

黃廉卿，高雄旗津水產學校造船廠，校長戴行悌，電掛三〇五五。

季乃成，新竹東門街十一號。

楊雲（在亭），新竹田美街十四號。

尤介貞，新竹北區博愛里世界街 39 號。

王雅，新竹南門福德里中華路 304 號。

楊任可（襄康），竹東初中。

楊襄明，新竹地方法院檢察官，娶朱，新竹中正路 129 號。

朱世楷、項蓉，新竹南區土城里平民巷四十八號。

傅緯武，新竹大溪初級中學校長，大溪鎮，溪口袋。

陳石泉，新竹西雅里中山路 352 號，西門派出所隔壁。

謝仲仁子，高雄鼓山一路六十三號裕源行。

李佩賢，張伯華未婚妻，瀋陽路壹巷參號。

賀若海，賀鳳蓀之弟。

李君佩，幽雅路十五號，北投。

包鴻德，碧潭光明寺山腳下，邵家塋之表妹。

狄企雲，中壢鎮建國路第六十六號，雲站長光傑轉交。汪君苗栗
　　　縣公路局。

中醫師楊文道診所：（一）春安堂藥行，南昌路二段 165 號，上
　　　午九時至十二時；（二）吉仁藥行，上海路一段 34 號，
　　　下午二時至六時。

洪西恩，崑山人，亦淵女，台北女子師範畢業，志願往台師附
　　　小、鐵路子弟學校。永康街七七號。

秦滌清，Di-Tsin Tsing, 87-36, 86th street, Woodhaven 21, New
　　　York, N.Y., U.S.A.。

徐景薇，L. A. Hsu, 903 Mechanic str., Galveston, Texas, U.S.A.。

榮元，重慶北路第五合作社。

朱葆初（福元），東京銀座西四丁目五番地 VFW club，東京港
　　　區麻布廣瓦町三五番地。

劉懋初，香港德輔道中 301 號。

陳家泖，徐中嶽之妾，第七組保險部分職員。

黃比瀛，錢劍秋之夫。

湯曾敫，新聞處主任祕書，吳興人。

宋文浩，吳縣人，住宋培堯家，中和鄉竹林路三十一號。

姜耀文，青浦徐涇鄉人，開設漁行，任鄉長，曾被匪捕釋，逃至
　　　香港。

王伯順，三十七歲，青浦人，蟠龍鎮人，父母被囚，兄嫂被殺。

何九，成都路五四號冠生園，7933、5819，發行局副局長。

張民生，中央銀行廣州分行副理，來台任清理委員，現任業務局
　　　襄理。

凌銘，基隆台灣航業公司基隆分公司屏東輪。

吳正他，正大營造廠，台北中山北路一段廿六巷四號。狄文琴囑
　　　介紹與侯蘇民。

謝健（竹存），台南公園路十五號。

方祖亮，高雄成功二路一號，台灣鋁廠軋片工廠副工程師，廠長
　　　孫景華。

吳則中，五條通二十九號。

王哲鏡，路平甫港辦事處，九龍加連威老道五十三號。

邱宣悌，景桓三子，台北中華路 174 號雄獅醫院書記室。

謝仲仁，字篤君，子修本，高雄鳳山鳥松區大埤路高雄工業給
　　　水廠。

俞汝良，中山北路二段 130 號，7850 轉 2474。住宅中山北路
　　　五三巷 50 號，大正町三條通。

李驊括（超哉），資源委員會祕書，中山北路一段 30 號，電話
　　　三〇〇八，住桂林路 155 號。

郎靜山，郵政台北信箱 345 號。

衛國垣（心微），淡水中正路 240，電話淡水 74。

史松泉，史祖恩，史逸中。

民國日記 106

# 狄膺日記（1952）上冊

The Diaries of Ti Ying（Diffoutine Yin），1952
- Section I

原　　著　狄　膺
主　　編　王文隆
總 編 輯　陳新林、呂芳上
執行編輯　李佳若
封面設計　溫心忻
排　　版　溫心忻
助理編輯　詹鈞誌

出　　版　✿ 開源書局 出版有限公司

香港金鐘夏愨道 18 號海富中心
1 座 26 樓 06 室
TEL：+852-35860995

✿ 民國歷史文化學社 有限公司

10646 台北市大安區羅斯福路三段
37 號 7 樓之 1
TEL：+886-2-2369-6912
FAX：+886-2-2369-6990

初版一刷　2024 年 11 月 20 日
定　　價　新台幣 420 元
　　　　　港　幣 140 元
　　　　　美　元　20 元
I S B N　978-626-7543-31-3
印　　刷　長達印刷有限公司
台北市西園路二段 50 巷 4 弄 21 號
TEL：+886-2-2304-0488

http://www.rchcs.com.tw

國家圖書館出版品預行編目 (CIP) 資料

狄膺日記(1952) = The diaries of Ti Ying (Diffoutine
Yin), 1952 / 狄膺原著 ; 王文隆主編 . -- 初版 . -- 臺
北市 : 民國歷史文化學社有限公司 , 2024.11

　　冊 ;　　公分 . -- ( 民國日記 ; 106-107)

ISBN 978-626-7543-31-3　（上冊 : 平裝 ). --
ISBN 978-626-7543-32-0　（下冊 : 平裝 ）

1.CST: 狄膺　2.CST: 立法委員　3.CST: 傳記

783.3886　　　　　　　　　　113015968